Alchimie des Schwanes

Zoltán Szabó

Alchimie des Schwanes

Die verschollenen astrologischen Schriften des Sokrates

HEUE ERDE

Stellungnahme des Verlages: Warum wir an der »alten« Rechtschreibung festhalten

Wir halten die »neue« Rechtschreibung für eine Fehlgeburt, und das konnte auch gar nicht anders sein, weil der Ansatz der Reformer war, das Schreiben einfacher zu machen. Wir als Verlag veröffentlichen unsere Bücher aber für Sie, liebe Leserin/lieber Leser - Sie sollen es als Leser einfach haben. Das Lesen und das Verständnis ist bei vielen Regeln der »alten« Rechtschreibung einfacher und klarer. (Denken Sie nur einmal, daß nach der neuen Rechtschreibung, zwei Autoren kein Buch mehr zusammenschreiben können, es hieße dann immer, sie hätten es zusammen geschrieben, auch wenn sie es zusammengeschrieben haben.) Im übrigen sind die neuen Regeln nun auch nicht eben frei von Widersprüchen. Auf Wunsch senden wir Ihnen gerne ein ausführliches Info mit den wichtigsten Ungereimtheiten am »Neuschrieb«.

1 2 3 4 5 6 7 13 12 11 10 09 08 07 06 05 04 03 02 01

Alchimie des Schwanes

Copyright © Zoltán Szabó/Neue Erde GmbH 2001

Durchgesehene und ergänzte Neuausgabe des 1989 im Essentia-Verlag unter dem Titel »Astrologie des Schwanes« erschienenen Buches.

Titelseite:
Fotos: Corbis International (Schwan), NASA/Astrofoto (Vulkane auf der Venusoberfläche, fotografiert von der Raumsonde Magellan)
Gestaltung: Dragon Design

Satz und Typographie: Dragon Design (send@dragon-design.org)
Gesetzt aus der Minion

Gesamtherstellung:
Legoprint, Lavis

Printed in Italy

ISBN 3-89060-036-0

NEUE ERDE Verlag GmbH
Cecilienstr. 29 · 66111 Saarbrücken
Deutschland · Planet Erde
info@neueerde.de · www.neueerde.de

Ingrid

zum Mokka gereicht …

Puerta del Sol in Toledo.

Inhalt

»Sokrates ist der im Sinne Gurdjieffs
notwendige ›zusätzliche Schock‹ zwi-
schen Drei und Vier.«

Manfred Keyserling

Prolog

Weit her kommt die Seele, wie einst der Himmel Uranos, der zur Erde kam, um sie zu befruchten. Sein Same entströmt der Unendlichkeit, durchströmt die Sieben Sphären, und die Mutter Erde ist schwanger.

Vater Uranos ist der Ur-Ahn. Er ist ein Stern, sein Reich ist Ur. Sein Same wird zur Saat der Erde. Die Saat aus Ur geht auf, Saturn ist geboren, Satan ist vom Himmel gefallen und kann nicht mehr von der Erde wegfliegen.

Uranos kommt nicht mehr. Die Zeugung ist geschehen, die Saat aufgegangen, der Tierkreis schließt sich, wir sind Kinder der Sonne.

Aus der Mutter wird ein Kind geboren, auf der Erde steht der Mensch. Er hat den ersten schützenden Kreis verlassen, er ist allein und hat Angst. Sein Name ist Sokrates. Seine Mutter ist Hebamme, sie ist soeben zu einer Geburt gerufen worden, und Sokrates ist allein. Er hat Angst, er weint.

Sokrates wird später ein Künstler, er weiß es nur noch nicht. Die Tränen benetzen seine Augen, er blickt zum Himmel und erblickt den Regenbogen, der die ganze Erde umspannt. Sokrates ist geborgen.

So wurde er Astrologe. Aus der Qual des Herzens wurde er gerettet, das Trauma seiner Verzweiflung bescherte ihm den zweiten Kreis. All das weiß der kleine Sokrates noch lange nicht, doch wir wissen es, und er weint nicht mehr. Frieden. Das genügt doch wohl!

Willst du mehr? Wozu? Ist es noch nicht genug? Nein? Nein! Na gut. Der Weg ist lang. Am Anfang, vor dem Erwachen, ist immer die Dummheit. Dann die Verzweiflung, dann der Zorn und erst dann Frieden.

Sokrates war schon lange Jahre Astrologe, als eine Vision zu ihm kam. Ziemlich erbost durch das mangelnde Verständnis der Leute für das wahre Wesen der Sternenkunst, das nicht zuletzt durch die Scharlatanerie berufsmäßiger Wahrsager bedingt war, nörgelte er eines Abends lustlos vor sich hin, bis er dabei in einen leichten Schlummer fiel.

Ein strahlender Engel, gekrönt mit einem Diadem von Smaragden, erschien vor seinen Augen und sprach:

»Du bist traurig, Sokrates.«

»Ja, ich bin traurig. Mein Herz rast vor Verzweiflung, und es fehlt nicht mehr viel, und ich werde brüllen wie ein Stier, ich werde brüllen wie ein Löwe des Unheils. Ich bin der Zorn.«

So sprach Sokrates, und der Engel antwortete:

»Zwar ist es wahr, daß die meisten Errungenschaften deiner Welt dem Zorn entspringen, doch können sie niemals von Dauer sein, werden sie nicht in Frieden weitergebaut. Denke, Sokrates, an deinen Vater, den Bildhauer. In wildem Zorn schlägt er seinen Meißel in den rohen Stein, doch nur durch die Liebe seines Herzens wird aus dem Stein die Statue geboren, deren Anblick dich erfreut. Werde du Vater und Mutter zugleich!«

»Ich bin Astrologe!« entgegnete Sokrates verwirrt.

»Genau. Werde du der Bildhauer und die Hebamme unter den Astrologen, und du wirst finden, was du suchst.

Ich werde dich jetzt verlassen, denn ich sage dir hiermit genug: Ein guter Astrologe braucht kein Horoskop. Schreibe ein Buch über Astrologie und halte dir stets vor Augen, daß dieses Buch von der Astrologie des Schwanes handeln wird. Das ist dein Karma, denn du bist vom Vierten Zwischenreich. Mitschwingen und Mitgestalten – das ist das Vierte Zwischenreich.«

So sprach der Engel und verschwand langsam vor Sokrates' Augen. Der aber rief ihm nach und fragte:

»Wie ist dein Name?«

»Ich bin Luzifer und habe dir soeben Licht gebracht«, tönte es von weitem. Dann war Stille.

Muß eine Vision ein Rätsel sein? Wahrscheinlich schon, sonst würden wir sie nicht verfolgen. Sokrates verstand nicht viel von Luzifers Botschaft. Ihm blieb eine dumpfe Ahnung und das ewige Licht der rätselhaften Worte. Dieses Licht hat er gehütet, es wurde seine Öllampe, und diese Lampe hat er durch die Jahre nie erlöschen lassen. Sokrates wurde zum Zeichendeuter, er wurde Hebamme und Bildhauer unter den Astrologen. Nach und nach setzte sich das Mosaik zusammen, bis er die Botschaft des Lichtengels verstand. Und er hat alles, was er wußte, in einem Buch aufgeschrieben.

Bücher sind Kinder. Sie werden gezeugt, ausgetragen und geboren, und jedes Buch hat seine eigene Geschichte. Manche sterben früh, ein anderes wird tot geboren, und einige scheinen ewig zu leben. Dann gibt es Bücher, die sich selbst fortzeugen. So können sie ruhig sterben, denn ihr Geist lebt in ihren Kindern weiter. Ich habe das Buch von Sokrates nicht gesehen und nicht in den Händen gehalten. Ich habe aber in Toledo ein Buch gefunden, das gewissermaßen als Übersetzung gelten darf. Das Buch ist in deutscher Sprache verfaßt, es trägt den Titel »Astrologie des Schwanes, aufgeschrieben von Johannes« und keine Jahreszahl. Dieses Buch übte eine sehr seltsame Wirkung auf mich aus. Obzwar ich nach mehrmaliger Lektüre immer noch so gut wie nichts von seinem Inhalt verstand, faszinierte es mich vollkommen. Eine dumpfe Ahnung beschlich mich, und ein Licht wurde in mir entzündet. Die Gewißheit, Sokrates' Erbe in der Hand zu haben, wuchs mehr und mehr, und ich sog das Gelesene unverstanden und begierig wie ein Baby die Muttermilch in mich hinein. Später wurde ich dann vernünftiger. »Astrologie des Schwanes« wurde zu meiner Öllampe und ich zum Zeichendeuter.

Eines Tages hatte ich einen Traum. Eine Stimme sprach zu mir und sagte, ich solle nun das Buch weitergeben, denn ich hätte es schon lange genug bei mir gehabt. Zu dieser Zeit hielt ich mich in Wien auf. Also ging ich am nächsten Morgen zum erstbesten Antiquariat und habe dort das Buch verkauft. Dabei erhielt ich den gleichen Preis, den ich in Toledo vor sieben Jahren bezahlt hatte.

Mancher Leser mag nun »aha« sagen. Dazu sage ich gleich dreierlei: Erstens bin ich Künstler und kein Wissenschaftler. Aus wissenschaftlichen Quellen mache ich mir nicht viel und erhebe auch keinen Anspruch, als solche zu gelten. Vielmehr habe ich es mir angewöhnt, mich an anderen Quellen zu laben. Zweitens kenne ich »Astrologie des Schwanes« in- und auswendig. Und zuletzt, der geneigte Leser hätte sowieso nichts von Zitaten aus diesem Buch, denn ich kann nach meinem besten Wissen und Gewissen versichern: »Astrologie des Schwanes« ist völlig unverständlich.

Die Vier Vögel des Basilius Valentinus

Der Weg des Zeichendeuters

Der Umgang der Menschen mit der Astrologie ist schon seit langer Zeit ein Problem. So wie heute gewissenlose Wahrsager Leichtgläubigen dummes Zeug für wenig Geld erzählen, genauso saßen im alten Rom »Chaldäer« vor dem Kolosseum und logen fröhlich gegen Bezahlung von einer Drachme ins Blaue und die Sterne vom Himmel. Doch gab es schon im Römischen Reich und auch später ernsthafte Menschen, die durch das Studium der Astrologie den Weg zur Wahrheit gefunden haben. Zweifellos gibt es auch heute solche Menschen, und es wird sie immer geben, denn die Astrologie ist eine unsterbliche Muse.

Johannes schreibt in »Astrologie des Schwanes«: »*Nicht an den geneigten Leser wende ich mich, sondern an den Aufrechten. Es ist alles da, es war schon immer alles da, und es wird immer alles da sein. Laufe nicht herum, sondern bleibe stehen oder setze dich hin. Wer sucht, der sucht – wer findet, der findet. Mache die Augen auf und schaue. Viele Menschen glauben, sie sehen etwas Wahres, wenn sie die Augen aufmachen. Oftmals sehen sie aber nur Falsches, denn nur wer schauen kann, sieht auch. Zuerst muß das Anschauen gelernt werden, das ist eben der Weg des Parzival von Anschau. Erst nach langem Irrweg kam er zu seiner Familie, erst nachdem er das Anschauen gelernt hatte, konnte er den Gral sehen. Das ist Das und Wahr.*«

Als ich diese Stelle las, fiel mir der große bayerische Sufi Karl Valentin ein. Er steht in der Nacht unter einer hell leuchtenden Laterne und suchte angestrengt nach irgend etwas. Da kommt sein Freund vorbei und fragt, wonach er suchte.

Valentin: »Ich suche meinen Schlüssel.«

Freund: »Ich will dir bei der Suche helfen.«

So suchen sie eine Weile gemeinsam weiter, bis dem Freund etwas einfällt.

Freund: » Wo hast du eigentlich deinen Schlüssel verloren?«

Valentin: »Zu Hause.«

Freund: »Ja, warum suchst du ihn dann hier?«

Valentin: »Hier ist mehr Licht.«

Valentin lernte gerade das Anschauen. Er kann noch nicht richtig sehen, doch er hat das Stadium des falschen Sehens bereits überwunden. Natürlich wird er seinen Schlüssel dort nicht finden können, wo er ihn nicht verloren hat. Er kann jedoch dort viel besser schauen lernen, wo mehr Licht ist. Wenn er das Anschauen richtig gelernt hat, wird er nach Hause gehen und den Schlüssel finden, ohne daß er ihn suchen muß. Würde er zu Hause ohne die Fähigkeit des Anschauens suchen, könnte er nichts finden, denn zu Hause ist zu wenig Licht.

Wenn wir sehen, denken wir unwillkürlich mit. Es gibt keine Wahrnehmung ohne Denken. Wenn ich die Augen aufmache und vor mir einen Baum sehe, so weiß ich, daß ich einen Baum sehe, weil ich denke. Anschauen heißt aber Wahrnehmen ohne Denken. Ich stehe immer noch vor dem Baum und schaue ihn an. Jetzt sehe ich Farben und Formen, ich weiß jedoch nicht, daß ich einen Baum sehe. Die Farben glühen und leuchten in außergewöhnlicher Intensität, ich sehe die Aura des Baumes, die Welt ist im wahrsten Sinne des Wortes erleuchtet. Anschauen heißt, mit den unschuldigen Augen eines Kindes zu sehen, die Gegenstände anzusehen, als würde man sie zum ersten Mal in diesem Leben sehen, die Welt zu betrachten, wie der Ochse das neu bemalte Scheunentor begafft. Anschauen heißt, sich unentwegt wundern zu können, und die Welt steckt voller Wunder.

Mit den sogenannten halluzinogenen Drogen kann man sich das Erlebnis des Anschauens beschaffen. Drogen sind jedoch stets mit äußerster Vorsicht zu genießen. Ganz abgesehen von den gesundheitlichen Schädigungen sind Drogen eine nur vermeintliche Abkürzung der seelischen Entwicklung. Mit Drogen können Bewußtseinszustände erschlichen werden, die man auf die Dauer doch nicht behalten kann, letztlich führen sie immer in die Regression. Es geht auch ohne Drogen, und was man sich so erarbeitet, darf man auch dauernd behalten. Doch wer hält es schon wirklich ganz ohne Drogen aus?

Wie man das Schauen lernt, sagt Johannes: »Laufe nicht herum, sondern bleibe stehen oder setz dich hin… und schaue.« Der Rest kommt ganz von selbst. Sobald die Ruhe eingekehrt ist, ist auch das Anschauen da, – und der Mensch hat eine neue Weltanschauung gewonnen.

Das Kind kann schauen, es kann aber nicht denken. Der Erwachsene kann denken, dafür kann er nicht schauen, nur sehen. Was er jedoch sieht, ist nicht das, was er als Kind geschaut hat. Er hat das Wunder verlernt und muß es nun nochmals erlangen. Zugegeben, das Stadium des Lernens ist ziemlich doof, denn der schauende Mensch wirkt einfältig wie ein Tor. Es ist auch nicht das Endziel, sondern nur ein Zwischenstadium. Wenn man einmal die Welt in ihren verschiedensten Aspekten angeschaut hat, und das meint alle, aber wirklich alle Situationen des Lebens, wird man die Fähigkeit des Anschauens nicht mehr verlieren. Dann aber soll man wieder sehen, das heißt, das Angeschaute lesen und verstehen. Das ist das richtig verstandene Sehen.

Wir haben also hier drei Stufen der Wahrnehmung: Zuerst das gewöhnliche Sehen, das man besser »Anblicken« nennen sollte, da es durch das Denken beträchtlich eingeengt wird. Dieses Anblicken bestimmt unseren Wachzustand, der eigentlich ein Wachschlafzustand oder Dumpfheit ist. Dann die zeitweilige Regression in den Zustand des Anschauens, den wir als Kinder kannten und jetzt wiederherstellen müssen. Zuletzt das richtige Sehen, das Aufmerksamkeit, Wachheit und Erwachen bedeutet.

Das ist der Weg des Zeichendeuters: Durch das Suchen lernt er das Anschauen. Nun findet er alles Mögliche, doch nicht immer das, was er gesucht hat. Erst dann, wenn zur Fähigkeit des Anschauens erneut das Sehen hinzukommt, wenn er die Zeichen, die er schaut, auch lesen kann, findet der Zeichendeuter das, was er sucht.

Im »Parzival« des Wolfram von Eschenbach sind die Schwierigkeiten auf diesem Weg beschrieben. Parzival ist ein Tor, er findet den Gral, ohne ihn zu suchen. Bei seinem ersten Besuch auf der Gralsburg schaut er den Gral, kann aber dessen Bedeutung nicht verstehen, denn er kann die geschauten Zeichen nicht lesen, er kann nicht sehen. Parzival muß die Gralsburg verlassen. Nun sucht er den Gral, sucht ihn lange und verzweifelt, kann ihn jedoch nicht finden. Zum Schluß gibt er die Suche auf. Jetzt findet er den Weg zur Gralsburg, schaut den Gral, und jetzt kann er ihn auch sehen und seine Bedeutung verstehen.

Am Ende findet der Zeichendeuter das, was er sucht. Und hier liegt eine große Gefahr!

Sokrates fand immer und überall alles. So gab er die Suche auf, denn er hat bereits gefunden. Er hat sich selbst gefunden. Da sang er den Schwanengesang. Nun durfte Sokrates – wie sein Vater, der Bildhauer – gestalten, nun mußte er – wie seine Mutter, die Hebamme – anderen bei der Suche helfen.

(Astrologie des Schwanes)

Durch das Anschauen kommt der Zeichendeuter zum richtigen Sehen. Eines Tages wird er feststellen, daß er immer und überall alles finden kann. Diese Erkenntnis wird dann zu einer Gefahr, wenn er an der absoluten Gültigkeit seiner Methode des Findens festhält. In diesem Fall wird der Zeichendeuter hochmütig und eitel, er verfällt dem Größenwahn und bleibt für die weitere Entwicklung blind. Erkennt er hingegen die Relativität seines Weges, so gerät er unweigerlich in eine schwere Krise, denn er hat den Boden unter seinen Füßen verloren. Der entdeckte und bisher gegangene Weg hört hier auf, es bleibt nichts anderes übrig, als sich zu verabschieden. Das ist das Stadium der Todeserfahrung.

An diesem Punkt angelangt, muß der Zeichendeuter zum Wegbereiter werden. Er muß je nach Bedarf in der Lage sein, Wege zu bauen, ohne sich einzubilden, daß der Weg, an dem er gerade baut, ein besonderer sei. Hier liegt das Tal, das die Berge des Mitschwingens und des Mitgestaltens voneinander scheidet, das ist das Vierte Zwischenreich. Nur derjenige, der wie Parzival dieses Tal mitten hindurchschreitet, kann hoffen, je den Gral zu finden. Wer auf dem Weg der Astrologie bis hierher gelangt ist, darf nun die Astrologie des Schwanes singen.

Als ich im Jahre 1976 am Silvestertag das Buch von Johannes in Toledo gefunden und zum ersten Mal durchgelesen habe, kam mir der »Schwan« im Titel recht spanisch vor. Durch die häufige Bezugnahme auf Parzival im Text war mir schon klar, daß es sich hier um eine astrologische Bearbeitung der Gralstradition handelt. Der »Schwan« konnte nur auf den Schwanenritter Lohengrin hinweisen, der ja die Aufgabe seines Vaters Parzival fortzusetzen hatte. Mehr konnte ich jedoch mit dem Schwan nicht anfangen. Jahre später fiel mir unter weniger rätselhaften Umständen das Buch eines modernen »Johannes« in die Hände: »Weltgeschichte im Lichte des Heiligen Gral« von Walter Johannes Stein. In diesem Buch nimmt Stein Bezug auf die alchimistische Tradition von Basilius Valentinus, worin der Schwan als Sinnbild der dritten Stufe einer alchimistischen Seelenentwicklung erscheint.

Vier Vögel stellen bei Basilius Valentinus vier Stufen des alchimistischen Prozesses dar: der Rabe, der Pfau, der Schwan und der Phönix (auch manchmal, wie bei Stein, als Pelikan gedeutet). Diese Tiere versinnbildlichen die alchimistischen Hauptphasen, welche ich in meinem Buch »Astrologie der Wandlung« in ihrer astrologischen Erscheinung untersucht habe.

Rabe	nigredo	schwarz	Erde
Pfau	viriditas	viele Farben	
Schwan	albedo	weiß	Wasser
	citrinitas	gelb	Luft
Phönix	rubedo	rot	Feuer

Am Anfang des alchimistischen Werkes und der Gralssuche steht »nigredo« oder die Schwärzung. Diese Stufe des Raben entspricht dem okkulten Lehrling, der die gewöhnliche Realität bereits hinter sich gelassen hat, die geistige Wirklichkeit jedoch nur aus Büchern und noch nicht aus eigener Erfahrung kennt.

Der heutige Umgang mit den »Geheimwissenschaften«, die unaufhörliche Flut von Banalitäten, die im Namen des kommenden Wassermannzeitalters unter die Leute gebracht werden, der totale Ausverkauf jeglichen ernsthaften geistigen Strebens gehören durchwegs zur Stufe des Raben und führen keinen Schritt weiter. Der Student, der nicht weiterdenken kann, wird niemals das wahre Wesen der Tradition verstehen. Übernahme der alten esoterischen Tradition bedeutet nicht, ein altes Buch zu lesen und dessen Inhalt gedankenlos und möglichst vielfältig nachzuplappern, wie es heutzutage in den meisten Fällen geschieht. Wäre dem so, gäbe es überhaupt keinen Fortschritt.

Als die Priester von Atlantis den Gral an die megalithischen Kelten übergaben, wollten sie nicht, daß diese die alte atlantische Tradition einfach übernehmen. Sie wollten vielmehr, daß die ewige Tradition, die sie bis jetzt in Atlantis gehütet und angewandt hatten, nun von

den Kelten übernommen und in einer arischen Tradition weiterge-
führt werde.

Die Tradition ist zeitlos. Sie aus der Vergangenheit zu übernehmen
und für die heutige Welt umzugestalten, ist die einzige Möglichkeit,
den Weg in eine sinnvolle Zukunft nicht zu verfehlen.

Am Ende des Stadiums der »nigredo« erblickt der Student einen
bunt schillernden Pfau. Damit ist seine Lehrlingszeit beendet, und er
kann nun als Geselle tätig werden. »Viriditas« bedeutet grün, doch
wird dieser Zustand als in vielen Farben schillernd beschrieben, der
bunten Pracht der Pfauenfedern vergleichbar. Hier macht der Alche-
mist seine ersten eigenen Erfahrungen mit der geistigen Welt, er gibt
nicht mehr nur fremde und angelesene Meinungen wieder, jetzt kann
er selbständig aus dem Urquell des Geistes schöpfen. Oftmals ist er
jedoch bereits von der ersten bunten Pfauenfeder dermaßen beein-
druckt, daß er diese gleich für den ganzen Vogel hält.

Zum Beispiel als Astrologe. Endlich hat er nach jahrelangen
Bemühungen sein System und seine Methode entdeckt und meint
nun, die einzig gültige Wahrheit gefunden zu haben. Wortstark ver-
kündet er seine Erkenntnisse und beruft sich dabei stets auf seine
jahrelangen Forschungen. Er ist und bleibt ein eitler Pfau, dem der
Anblick einer einzigen seiner bunten Federn vom Schicksal geschenkt
wurde.

Der Pfau symbolisiert nur eine Zwischenstufe der Entwicklung.
Wirklicher Fortschritt ist nur dort erzielt, wo der Übergang von der
Schwärzung in die Weißung, vom Raben zum Schwan vollzogen
wurde. Dieser Übergang ist dem Meisterstück des Gesellen vergleichbar, und zweifellos handelt es sich bei »Astrologie des Schwanes« um
ein Meisterstück astrologischer Arbeit.

Auf der Stufe der »albedo« gibt es keine einzige wahre Methode,
sondern Tausende davon. Man hat nicht nur eine bunte Feder, sondern gleich den ganzen prächtigen Vogel zur Verfügung. Jetzt könnte
der Gralssucher mit Recht stolz auf seine Entdeckung sein; er kann es

aber wiederum nicht, denn er sieht die Relativität all seiner Erkenntnisse. So wie die tausend Farben der Pfauenfedern zusammen die eine weiße Farbe, die alle Farben enthält, ergeben, genauso sieht der Gralssucher jetzt den weißen Schwan. Er hat nun seinen ersten Einblick in die wirklichen und wirksamen Zusammenhänge in der Welt des Geistes gewonnen und kann die vielen Wege dann und dort gehen, wo sie angebracht sind. Zuvor mußte sein Glaube an den einzigen wahren Weg sterben.

Parzival saß verzweifelt auf seinem Pferd mitten im dunklen Wald und wußte weder weiter noch wohin. Überall lag Schnee. Da setzte sich das Pferd in Bewegung und schlug eine Richtung ein. Die Hufe des Tieres hinterließen dunkle Spuren im weißen Schnee.

(Astrologie des Schwanes)

Der Weg des Parzival vollzieht sich in drei Stufen: Aus der Dumpfheit gelangt er über den Zweifel zur Saelde (Seligkeit). Der Weg des Gralssuchers und der des Alchimisten sind identisch, durch verschiedene Sinnbilder wird der Westliche Erkenntnisweg beschrieben. Das Ziel dieser Entwicklung ist immer die Liebe. Kenntnis soll Erkenntnis werden und sodann zum Leben in Liebe führen.

Rabe	schwarz
· · · · · · · · · · · · · · · · · · · Dumpfheit · · · · · · · · · · · · · · · · · · ·	
Pfau	bunt
· · · · · · · · · · · · · · · · · · · Zweifel · · · · · · · · · · · · · · · · · · ·	
Schwan	weiß
· · · · · · · · · · · · · · · · · · · Saelde · · · · · · · · · · · · · · · · · · ·	
Phönix	rot

Am Anfang steht die Stumpfheit der gewöhnlichen Realität, versinnbildlicht durch den schwarzen Raben. Der Mensch weiß nichts, und er weiß nicht, daß er nichts weiß. Darum bildet er sich ein, daß er etwas oder gar alles weiß. Ein gutes Beispiel für dieses Stadium ist die blinde Wissenschaftsgläubigkeit, die vor einiger Zeit noch herrschte. Gott sei Dank entwickelt sich heute die Wissenschaft immer schneller und gerät über ihre Errungenschaften immer mehr in Zweifel.

Dumpfheit kann man auch Dummheit oder unbewußte Einfältigkeit nennen. Wie auch das blinde Huhn hin und wieder ein Korn findet, erblickt der Mensch eines Tages eine bunte Pfauenfeder. Jetzt weiß er etwas, und wenn er in seiner Dumpfheit verharrt, wird er meinen, daß er nun alles weiß. Diese Meinung kann ihn leicht zur Eitelkeit verführen und den weiteren Weg versperren.

Die zweite Stufe bringt Zweifel und Verzweiflung. Der Sucher wird bald eine zweite Pfauenfeder entdecken, wodurch das Hochgefühl seines Wissens gründlich erschüttert und in Frage gestellt wird. Welche der zwei Federn ist nun die richtige, wo ist die eindeutige Wahrheit? Wo zwei Federn sind, können auch unzählige sein und sind es auch. Am Ende weiß der verzweifelte Sucher so viel, daß er eigentlich nichts mehr weiß, doch er weiß es noch nicht, er sucht immer noch nach weiteren Federn.

Sokrates sprach: »Ich weiß, daß ich nichts weiß.« In diesem Moment der Erkenntnis sieht man in der Zusammenschau der tausend bunt schillernden Federn den ganzen Vogel Pfau. Und dieselbe Zusammenschau bringt die tausend Farben zu der einen weißen Farbe, die alle Farben enthält, zusammen, und man erkennt, daß der Pfau in Wahrheit ein weißer Schwan ist.

Der Sucher ist nun Finder geworden. Er weiß zwar jetzt nichts mehr (obwohl er eine Menge weiß), doch er weiß das, und dieses Wissen ist positiv. Das Wissen wurde durch die Vielfalt an seine Grenzen geführt, plötzlich wurden die Grenzen überschritten, und die Vielfalt erscheint auf einmal als neue Einheit. Es ist so: Wenn jemand einen Bereich, worin er sich bis jetzt aufhielt, verläßt und den verlassenen Bereich nun von oben sieht. Auf der dritten Stufe wird die durch den Zweifel verlorene Einfalt wiedergefunden, doch diesmal bewußt: Dreifältige Erkenntnis bedeutet bewußte Einfalt.

Leider ist der durch den Schwan symbolisierte alchimistische Zustand noch nicht ganz frei vom Zweifel. Der Zweifel bezieht sich nicht auf das Wissen, die vielfältigen Kenntnisse haben zur eindeutigen Erkenntnis geführt. Viele Wege führen nach Rom, und also hören sie in Rom auf. Nun stehen wir in Rom wie Parzival im Wald, und die Frage ist: Was tun?

Man kann natürlich einen Weg zurückgehen und verkünden, dieser sei der wahre Weg. So hat man bald eine Schar von Schülern um sich. Doch wer nicht weiter als bis nach Rom kam, wird auch seine Schüler nur bis nach Rom führen können. Am Ende stehen alle ratlos in Rom herum und sind immer noch verzweifelt.

Die Erkenntnis soll zum einfachen Leben in Liebe führen. Dorthin führt aber kein Weg, der muß erst gebaut werden. Der Zweifel kann nicht mehr durch Erkenntnis, nur noch durch die Tat überwunden werden. Es gibt viele Wege; wenn man Glück hat, findet man einen. Bald findet man mehrere Wege, sie alle führen zu einem Punkt, von dort führen alle Wege zurück, keiner mehr weiter. Parzival steht im Wald ohne Ausweg, alles ist mit Schnee bedeckt. Sein Pferd setzt sich in Bewegung und schlägt eine Richtung ein. Die Hufe des Tieres hinterlassen dunkle Spuren im weißen Schnee. Parzival und sein Pferd bauen den Neuen Weg.

Der Zeichendeuter muß hier zum Wegbereiter werden. Er baut jedoch den Weg nur für sich allein. Und hier liegt der große Irrtum vieler Menschen: Sobald sie einen Wegbereiter sehen, stürzen sie sich auf seinen Pfad. Bald wird aus dem Pfad eine Autobahn, ein Tummelplatz von Sommerfrischlern in die Glückseligkeit. Während der Wegbauer auf seinem Pfad tatsächlich zur Saelde gelangen kann, werden die Nachfolger feststellen, daß sie lediglich im Kreise gefahren sind. Kann der Wegbauer überhaupt Wegbereiter und also Hilfe für andere sein? Er kann es schon, indem er zeigt, daß man einen Weg bauen kann und wie man ihn baut. Er kann also höchstens die Technik übermitteln, niemals aber den fertigen Weg.

Als Sokrates vor lauter Wissen nichts mehr wußte, wurde er in tiefe Verzweiflung gestürzt. Er ging in den Wald und lebte dort drei Jahre lang mit den Tieren. Er dachte nicht und sprach mit den Tieren nur auf ihre Weise. Sokrates lebte ein Leben ohne Bewußtsein. Er jagte mit dem Fuchs, aß die Beeren des Waldes und trank mit den Hirschen an einer Tränke.

Eines Tages lag er an der Tränke, als ihm das Bewußtsein wiederkam. Sokrates erkannte, sprang auf seine Füße und schrie: »Ich weiß ja, daß ich noch nichts weiß – ich weiß, daß ich nichts weiß!« Die aufgescheuchten Hirsche sprangen verängstigt zur Seite.

Sokrates ging nach Athen, und auf dem Weg nach Hause fielen ihm die Worte des Lichtengels aus seiner früheren Vision ein: »Werde du der Bildhauer und die Hebamme unter den Astrologen, und du wirst finden, was du suchst.« Sokrates hat sein Buch geschrieben.

(Astrologie des Schwanes)

In »Astrologie des Schwanes, aufgeschrieben von Johannes« wird immer wieder behauptet, daß Sokrates ein Buch schrieb, und weiterhin, daß dieses Buch ein astrologisches Buch sei. Die moderne Forschung stellt fest, daß von Sokrates überhaupt nichts Schriftliches erhalten blieb und folgert daraus, daß er höchstwahrscheinlich auch nie etwas geschrieben hat. Das meiste, was wir von Sokrates wissen, wurde durch die Schriften von Platon überliefert. Die Forschung kennt aber auch das »sokratische Problem«, das die Frage bedeutet, ob nun Platon die Lehren des Sokrates wort- und inhaltsgetreu wiedergibt, oder ob er seine eigenen Ideen Sokrates in den Mund legt.

Indessen ist das »sokratische Problem« für Sokrates selbst kein Problem, denn er sagt über sich selbst: »Unergründlich bin ich, und ich bringe es dahin, daß die Menschen nicht mehr weiterwissen.«

»Astrologie des Schwanes« bietet nun folgende Lösung an: »*Als Sokrates aus dem Wald kam, schrieb er als Bildhauer unter den Astrologen ein Buch, denn er betrachtete dieses Werk als seinen Schwanengesang. Danach schrieb er nie wieder, doch er unterrichtete seine Freunde fleißig in Worten.*«

Demnach wäre Sokrates' einziges Buch für die Forschung wohl für immer verlorengegangen. Dennoch lebt sein Geist vielfältig weiter. Für uns in den Aufzeichnungen des Johannes, für die Wissenschaft zum Beispiel durch die Schriften des Platon. Das astrologische Anliegen des Sokrates, das selbstredend von jedem wissenschaftlichen Forscher heftigst von sich gewiesen werden darf, soll hier durch ein kurzes Zitat aus dem Buch »Geschichte der Astrologie« von Wilhelm Knappich angedeutet werden:

»In den platonischen Mythen sehen wir schon deutlich den Einfluß orientalischer Astrallehren. In seiner ›Schrift vom Staate‹ hat Plato nach iranischen Quellen den Mythos vom ER erzählt, dem eine Göttin offenbart habe, daß jeder Mensch vor seiner Inkarnation sein Los frei wählen könne. Dieses wird von den Schicksalsgöttinnen (Moiren) an den Himmel geheftet und bleibt nun unabänderlich, worüber die Planeten zu wachen haben. Im ›Timaeus‹ werden die Planetengötter schon zu individuellen Schicksalsmächten, die vom Weltschöpfer beauftragt wurden, die Menschen zu hegen und zu pflegen und sie nach dem Tode bei sich aufzunehmen.«

»Genug der Belege!« – sprach die Maus und fraß die Wurst an.

Als Sokrates aus dem Walde und nach Hause kam, machte er sich ans Werk. Er wußte nichts, das wußte er, und wollte nun als Bildhauer unter den Astrologen – gestalten. Er zeichnete einen Kreis und betrachtete ihn lange. Dann zog er Linien, malte verschiedene Symbole, er drehte, ordnete und warf sie um. Mit dem Hammer und dem Meißel des Geistes formte Sokrates seine Astrologie.

Jahre vergingen, Sokrates verdiente immer weniger Geld, und Xanthippe wurde immer unruhiger. Der sprichwörtlich schlechte Ruf der Xanthippe ist völlig ungerechtfertigt. Ist es etwa ein Wunder, daß eine Ehefrau hin und wieder etwas sagt (nörgelt), wenn ihr Ehemann zuerst für drei Jahre im Wald verschwindet, um dort mit den Tieren zu leben, und dann doch nur heimkommt, um in seiner Studierstube mit exotischen Formeln zu hantieren?

Je länger sich Sokrates in sein Werk hinein vertiefte, desto klarer wurde ihm, daß der Mensch und sein Horoskop einer Zwiebel gleichen. Durch ein Mysterium gelangt der Geistfunke in die Mitte der Dunkelheit. Nach und nach kann sich der lichte Kern emporarbeiten, Schale um Schale muß abgetragen werden – es wird immer heller – bis wir heimkommen können zum Ursprung im Licht.

Als Sokrates das Wesen des Menschen der Zwiebel gleich erkannte, ging er unverzüglich in die Küche, um das Wesen der Zwiebel zu studieren. Die Sklavin, die den Küchendienst versah, war über diesen ungewöhnlichen Besuch höchst erstaunt. Obwohl er dabei weinen mußte, aß Sokrates auf der Stelle eine ganze, große Zwiebel auf. Er aß – und verstand.

(Astrologie des Schwanes)

Die Erkenntnisse, die Sokrates durch die Analyse der Zwiebel gewinnen konnte, werden wir im weiteren Verlauf dieses Buches mehr und mehr erhellen. Vorerst nur einige grundsätzliche Überlegungen: Der Querschnitt durch die Zwiebel zeigt eine Anzahl konzentrischer Kreise. Hier wird eine Welt von harmonischen Sphären sichtbar, eine Sicht, die sich etwa einem Beobachter unseres Sonnensystems von oben darbietet. Es ist die Sicht des Vatergeistes, der Himmel Uranos erblickt die Erde Gaia, und ihr irdisches Zentrum zieht seinen Geist unwiderstehlich an. So sieht das Männliche das Weibliche, so lädt der Stoff den Geist zur Gestaltung ein.

Quer- und Längsschnitt durch eine Zwiebel
oder
Wie man den Kreis öffnet

Nun kommt Uranos näher und sieht sich Gaia genauer an. Er begibt sich in ihre horizontale Welt, befruchtet die Erde und läßt sich in ihr gefangennehmen. Damit sind wir beim Längsschnitt durch die Zwiebel angekommen.

> *Je länger der Astrologe Sokrates den Tierkreis – wie sein Vater, der Bildhauer – gestaltete und formte, desto mehr sah er, daß er – wie seine Mutter, die Hebamme – Geburtshilfe betrieb. Denn er war dabei, den Kreis von innen zu öffnen.*

(Astrologie des Schwanes)

Uranos zeugt, der väterliche Geistfunke ist im irdischen Mutterkreis gefangen. Er hat den Kreis von außen geöffnet, nun ist der Kreis

26

wieder geschlossen. Der Same keimt und wächst heran, eines Tages wird er den beschützenden Kreis von innen öffnen und die Mutter verlassen.

Die Zeugung ist wie der Tod ein Eintritt, die Geburt ein Austritt. Doch wiederum ist der Tod der Austritt aus dem körperlichen Leben, wie auch die Geburt der Eintritt in dasselbe ist. Durch das Studium der Zwiebel hat Sokrates die Gesetze von Zeugung, Geburt und Tod entdeckt. Es gibt jedoch nicht nur die physische Geburt eines Kindes aus dem Mutterleib, es gibt auch seelische und geistige Geburten. Wenn man will, kann man das ganze Leben als eine fortwährende Geburt betrachten (in diesem Fall ist das Leben auch ein fortwährender Tod), auf jeden Fall kann man im Laufe des Lebens – wie bei der Zwiebel die Schalen – verschiedene Geburten unterscheiden.

»Immer, wenn die Menschen vor einer Geburt stehen, gehen sie zum Astrologen.« – erkannte Sokrates – »Freilich, viele gehen zum Astrologen, weil sie Angst haben und gar nicht geboren werden wollen. Und wenn der Astrologe ein guter Astrologe ist, muß er ihnen trotzdem zur Geburt verhelfen – soweit er kann. Er kann es so weit, wie er bereits selbst geboren wurde.« – sprach Sokrates und verfiel in Selbstbetrachtung.

Es gibt sieben Kreise und sieben Brücken – gehe – und du bist frei. Der Philosoph Manfred Graf Keyserling gibt mir immer wieder wunderbare Sinnbilder, von denen ich zwei hier wiedergeben möchte, denn sie beleuchten Geburtsvorgänge mit eindringlicher Kraft.

Da wird ein Kind geboren, es hat den schützenden mütterlichen Kreis körperlich, noch nicht seelisch, verlassen. Das Kind wächst heran, der Mensch blickt sich um und entdeckt den Horizont. Der Abgrund, der hinter dem Horizont gähnt, verursacht nun eine bodenlose (unbewußte) Seelenangst, denn der Mensch könnte dort genauso hinunterfallen, wie dies die Sonne Tag für Tag tut. Diese Angst schwindet erst, wenn der Mensch durch Beobachtung der Sonnenbahn den Tierkreis entdeckt. Hierdurch ist der Zweite Kreis gefunden, und der Mensch hat eine kosmische Geborgenheit auf der Stufe eines höheren Kreises hergestellt. Was für die alten Griechen der weltumspannende Fluß Okeanos war, ist für den kosmisch ausgerichteten Menschen der Tierkreis.

Nachdem Sokrates den Zweiten Kreis zu öffnen begann, entdeckte er, daß dieser aus den Sieben Kreisen besteht. So machte er sich Stufe für Stufe und Grad um Grad an die Arbeit, denn jenseits der Sieben Sphären sah er einen Stern.

(Astrologie des Schwanes)

Für die Wissenstiefe und die Wirksamkeit eines Astrologen wird die Tatsache zum Gradmesser, wie weit er in der Lage ist, Kreise zu öffnen. Denn niemals kann er einen Menschen weiterführen als bis zu dem Kreis, in dem er sich selbst befindet. Dies gilt nicht nur für Astrologen, sondern für jeden, der sich mit Beratung, Belehrung, Ausbildung, Führung und Betreuung anderer beschäftigt. Auf das Verhältnis der Astrologie zur Psychologie werden wir später noch eingehen.

Das zweite Bild von Manfred Keyserling veranschaulicht das Öffnen des Kreises als Reifungsprozeß. Ein Ring, den wir zum Beispiel am Finger tragen, ist ein geschlossener Kreis. Ein Reif, etwa der Armreif, ist ein nicht ganz geschlossener Kreis. So öffnet der Mensch, wenn er reif geworden, den Ring zum Reif, woraus die Spirale als Symbol seiner Entwicklung entsteht.

Sokrates gestaltete das Siebenfältige Horoskop. Dann öffnete er Kreis um Kreis. Bei seiner Wanderung durch die Sieben Sphären begegnete er den Vier Vögeln und lernte sie kennen. Insbesondere verweilte er lange beim Schwan, und Sokrates schrieb die Lehre vom Weißen Vogel, die ich, Johannes, im Jahre 1186 in Alexandrien fand.

(Astrologie des Schwanes)

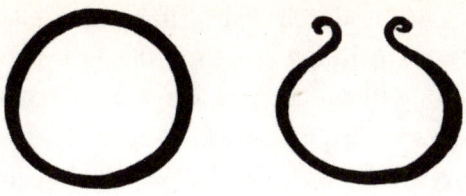

Wie der Ring reift

Die Vier Vögel sind die bereits erwähnten – Rabe, Pfau, Schwan und Phönix. Diesen begegnet man beim Durchschreiten der Sieben Sphären, die astrologisch durch die sieben Planeten beschrieben werden können. Die alchimistischen Stadien von Rabe, Pfau, Schwan und Phönix kann man auch mit den Begriffen Konzentration, Imagination, Inspiration und Intuition veranschaulichen.

Phönix	Intuition	Meister
Schwan	Inspiration	Geselle
Pfau	Imagination	Geselle
Rabe	Konzentration	Lehrling

Solange der Mensch in der Dumpfheit lebt, kann er sich nicht konzentrieren. Allerdings will er das auch nicht, denn sobald er kann, sucht er das Gegenteil von Konzentration – nämlich Zerstreuung. Er hat Angst vor der Konzentration, vor dem Anhalten und Hinschauen, denn in diesem Falle müßte er neu geboren werden. Der Gralssucher hingegen freut sich auf die Konzentration. Er rennt nicht an der Peripherie der Kreise herum, sondern bleibt stehen, betrachtet den Punkt in der Mitte, bis es ihm gelingt, durch den Punkt hindurchzugehen. Dies ist keineswegs nur eine Metapher, vielmehr eine praktische Übung. Will man zur Imagination gelangen, so muß man lernen, im Geiste durch den Mittelpunkt eines Kreises zu gehen.

Sobald der Lehrling durch den Mittelpunkt der konzentrischen Kreise gegangen ist, befindet er sich in der Innenwelt der Zwiebel. Tausendfache bunte Bilder stürzen von allen Seiten auf ihn ein, die Zwiebelschalen erscheinen ihm wie Pfauenfedern, die in allen Farben des Regenbogens schillern. Das ist die Welt der Imagination, und die Gefahr, hier stehenzubleiben, ist groß, denn diese Welt ist sehr schön. All die bunten Bilder kommen ja aus dem eigenen Inneren, hier gibt es keine Unterscheidung zwischen Innen und Außen, wir sind im schützenden mütterlichen Kreis. Imagination bedeutet Einbildung, durch die Konzentration gelangen wir ins Innere hinein und finden dort eine bezaubernde Bilderwelt. Doch der Weg führt weiter.

Der alchimistische Geselle, der zur Inspiration weiterschreiten will, muß nun die bunten Bilder der Imagination zum Verschwinden bringen, denn nur, wenn der Kelch leer ist, kann neuer Wein eingegossen werden. Inspiration ist geistige Eingebung, die von außerhalb des Kreises in den Kreis hereinfällt und nicht erzwungen werden kann. Der Mensch kann sich darauf vorbereiten, indem er sich leer macht und öffnet.

Die psychologische Technik der von C. G. Jung entwickelten Aktiven Imagination ist ein Beispiel für die imaginative Stufe, sie ist eine gute Vorbereitung für die Meditation. Das Ziel der Meditation ist jedoch Erleuchtung, und Erleuchtung ist Inspiration. So kann Imagination allein niemals zur Erleuchtung führen, zuvor muß die Bilderwelt schwinden, müssen Leere und Stille einkehren, wie dies etwa die Zen-Meditation lehrt.

Sobald der Kreis sich öffnet, wirkt die Öffnung wie ein Prisma: Das einfallende bunte Licht ist in Wirklichkeit weiß, es ist die Farbe, die alle Farben in sich enthält. Den Zustand des inspirierten Alchimisten kann man nur als selig bezeichnen, er hat erkannt, daß der bunte Pfau in Wahrheit ein weißer Schwan ist.

Die Inspiration öffnet den Kreis, sie schlägt eine Brücke zwischen Stoff und Geist. Der Meister, der die Intuition erreicht hat, kann über die Brücke der Inspiration kommen und gehen, wann immer er will. Eigentlich gibt es für ihn keine Brücke mehr, denn es gibt weder Stoff noch Geist, es gibt nur die Eine Wirklichkeit. Die Stufe der Intuition ist ein Zustand, in dem der Geist den Stoff ganz und gar durchdringt, der Meister ist Magier und Heiliger zugleich.

Mit zweiundvierzig Jahren traf Sokrates den Schwan und verweilte lange Zeit in seiner Gesellschaft. Doch bereits mit sechsundfünfzig Jahren nannte man ihn Meister, und er wirkte allenthalben viel Gutes. Als dann die undankbaren Athener dem siebzig Jahre alten Sokrates den Schierlingsbecher vorsetzten, so trank er diesen ohne Furcht und Eile. Denn er ging nur dorthin, wo er bereits lange war.

(Astrologie des Schwanes)

Chaldäische Weltvorstellung

Sinn und Unsinn der Astrologie

Sinnlos ist es, die Zukunft voraussagen zu wollen, denn diese gestalten wir selbst. Es ist jedoch höchst sinnvoll, die Zukunft so zu gestalten, daß sie uns später nicht enttäuscht. Dazu kann uns die Astrologie eine gute Hilfe leisten. Die Frage nach der Freiheit des Menschen und der Vorbestimmtheit seines Schicksals ist eine Grundfrage der Astrologie. Sie muß nicht im unaussöhnlichen Gegensatz der Auffassungen enden, der Mensch ist frei und festgelegt zugleich.

Festgelegt ist allemal die Vergangenheit. Was geschehen ist, daran kann man nichts mehr ändern, und wie man so schön sagt: »Das Leben geht weiter«. Es ist völlig sinnlos, in Bezug auf die Vergangenheit in Konjunktiven zu denken. Vorstellungen wie »wäre ich doch damals…« oder »hätte ich doch…« ändern nichts am Bestehenden, die Vergangenheit ist vollständig festgelegt. Frei hingegen ist die Zukunft. Die Zukunft ist immer eine mögliche Zukunft, und es gibt verschiedene Möglichkeiten. Die Freiheit besteht im Moment der Gegenwart, und sie ist die Freiheit der Wahl und der Tat. Jetzt, in diesem Moment, kann ich mich frei entscheiden, ich kann wählen und handeln. Der Preis dieser Freiheit sind die Folgen der Entscheidung. Das Problem des freien Lebens ist vor allem die Angst vor den Folgen der freien Wahl. Wenn ich mich im gegebenen Moment nicht so entscheide, wie ich es eigentlich wollte, so habe ich mich vom Schicksal festlegen lassen, ich war also offensichtlich vorbestimmt.

Die Freiheit ist eine mögliche Zukunft, die zur vorbestimmten Vergangenheit wird, wenn der Mensch sich im gegebenen Moment falsch oder nicht entscheidet. Aus dem Horoskop sieht man die Möglichkeit. Man kann diese Möglichkeit eingrenzen und herauszufinden versuchen, was der Mensch tun sollte. Doch nur der freie Mensch kann etwas tun. Tut er nichts, so hat er sich selbst zur Bestimmbarkeit verurteilt, und der Astrologe kann ihm möglicherweise die Zukunft voraussagen.

Dem Problem der Freiheit und des Schicksals kann man sich auch von einer anderen Seite annähern. Der Mensch ist zweifellos ein Naturwesen und ein Geistwesen zugleich. Je nachdem, aus welcher Perspektive wir ihn betrachten, ergeben sich ganz verschiedene Folgerungen.

Der Mensch ist das höchste Naturwesen – sagt die wissenschaftliche Lehre von der Evolution.

Der Mensch ist das niedrigste der bewußten Geistwesen – sagt die Auffassung von der geistigen Involution.

Zu erkennen, daß wir beides zugleich sind, ist für jeden von uns eine persönliche Revolution.

Diese Erkenntnis führt ins »Vierte Zwischenreich« des Sokrates: »Mitschwingen und Mitgestalten, das ist das Vierte Zwischenreich.«

Als Naturwesen ist der Mensch vorbestimmt. Sein Schicksal ist den objektiven Naturgesetzen unterworfen, und gegen sie anzurennen wäre ziemlich dumm. Darüber hinaus ist der Mensch berechenbar, soweit die waltenden Naturgesetze bekannt sind. Hier ist das Reich des Mitschwingens, und man kommt am besten voran, wenn man mit dem Strom schwimmt. Im Osten wurden Methoden entwickelt (z. B. Zen-Künste), die die Kunst des Mitschwingens lehren.

Der andere Weg führt gegen den Strom zur Quelle. Im Reich des Mitgestaltens erkennt sich der Mensch als Geistwesen und übernimmt

Verantwortung für die Schöpfung. Dies ist der freie Anteil im Menschen, der zur sinnvollen Zukunft führt.

Wenn wir versuchen, den Standort der Astrologie im Rahmen der Wissenschaften, Künste und Weltanschauungen auszumachen, stoßen wir auf erhebliche Schwierigkeiten. Es stellt sich heraus, daß die Astrologie nirgendwo eindeutig hineinpaßt, dafür aber von all diesen Bereichen etwas in sich hat. Die Wissenschaften, die sich mit dem Menschen beschäftigen, kann man in drei Gruppen einteilen, je nach dem, ob sie den menschlichen Körper, die Seele oder den Geist in den Vordergrund ihrer Betrachtung stellen:

Naturwissenschaft	Körper
Humanwissenschaft	Seele
Geisteswissenschaft	Geist

Die heutige Medizin zum Beispiel versteht sich vor allem als Naturwissenschaft, darum kümmert sie sich auch wenig um die Seele des Menschen. Schließlich findet der Chirurg nie eine Seele, egal wie tief er schneidet. Astrologie kann keine Naturwissenschaft sein, denn sie befaßt sich nicht mit dem Menschen als seelen- und geistlosem Naturwesen. Die naturwissenschaftlichen Aspekte der Astrologie sind dort erschöpft, wo das Horoskop nach den Regeln der Himmelsmechanik fertig erstellt vorliegt. Die nun folgende Deutung des Horoskops ist viel mehr Kunst als Wissenschaft, denn die Deutung ist immer subjektiv, wohingegen die Wissenschaft objektiv sein muß.

Der Traum mancher Astrologen, ihre Disziplin zur anerkannten Wissenschaft zu entwickeln, wird sich nicht erfüllen, solange die heutige Wissenschaftsauffassung in der Welt vorherrscht. Schon die Humanwissenschaften haben große Schwierigkeiten, vom akademischen Betrieb ernstgenommen zu werden, wie dies das Beispiel der Tiefenpsychologie zeigt. Wer sich ernsthaft mit der Seele beschäftigt, muß zum Teil zum Künstler werden, und dies hat man an den Universitäten nicht so gern.

Die naturwissenschaftliche Abirrung der Astrologie besteht nun darin, durch übertriebenes und überflüssiges Rechnen eine Objektivität vorzutäuschen, die definitionsgemäß nicht vorhanden ist. Wo die intuitive Sicherheit schwindet, stellen sich Statistiken, Messungen und Berechnungen ein. Dahinter stecken lediglich Angst und Unsicherheit. Das ist nicht nur in der Astrologie der Fall. Doch die Seele kann man weder statistisch erfassen noch messen oder berechnen.

Die Kritik der Wissenschaft an der Astrologie ist insofern völlig gerechtfertigt, daß hier Wissenschaftlichkeit und Objektivität vorgespielt werden, die es schlicht und einfach nicht gibt. Ansonsten ist die naturwissenschaftliche Kritik lächerlich, denn man soll immer nur das kritisieren, wovon man etwas versteht.

Zwei Beispiele sollen die naturwissenschaftliche Abirrung der Astrologie illustrieren. Es ist bekannt, daß die genaue Geburtszeit des Menschen so gut wie nie zu ermitteln ist. Trotzdem werden auf der Basis der ungenauen Zeitangabe unter der Tarnkappe von präziser Berechnung Verfahren entwickelt (Primärdirektionen, Lebenskreise usw.), die dann weitreichende Prognosen für den Betreffenden ermöglichen. Ist die Geburtszeitangabe nur um fünf Minuten ungenau, bricht das ganze System zusammen, und jede Aussage war falsch. Zweitens: Da die Gefahren der ungenauen Geburtszeit dem Astrologen wohl bekannt sind, führt er vor dem endgültigen Erstellen des Horoskops eine Korrektur der Geburtszeit durch, damit es wissenschaftlicher klingt, auch Rektifikation genannt. Dieses Verfahren ist nun der Gipfel der Augenwischerei. Die angegebene Geburtszeit wird mit vergangenen Ereignissen aus dem Leben des Betreffenden verglichen und nun so verändert, daß die neu ermittelte Geburtszeit nach der Methode des jeweiligen Astrologen mit den Ereignissen jetzt übereinstimmt. Natürlich hat jeder Astrologe eine andere Methode, und so ermittelt auch jeder Astrologe eine andere richtige Geburtszeit. Hier liegt ein Verfahren vor, das eine Methode mit der Hilfe der Methode selbst beweist, in der Logik nennt man das Tautologie (idem per idem).

Es ist also kein Wunder, daß die Wissenschaft über die Astrologie nur lächelt, und als Astrologe hat man die Wahl, ob man sich schämen oder ärgern sollte. Die naturwissenschaftliche Bestätigung der Astrologie wird nie erfolgen, genauso wie dies auch bei der Psychologie nie der Fall sein wird. Es würde dem Ansehen der Astrologie viel helfen, würden die Astrologen diese Tatsache endlich einsehen.

Wie weit ist nun die Astrologie eine Humanwissenschaft, eine Wissenschaft der menschlichen Seele, wie etwa die Psychologie eine solche sein sollte? Schon das Beispiel der Tiefenpsychologie zeigt, daß auch diese Frage nicht uneingeschränkt beantwortet werden kann. Je ernsthafter und tiefer man sich mit der Seele befaßt, desto mehr wird man feststellen, daß das Verständnis der Zusammenhänge sich von der wissenschaftlich geforderten Objektivität entfernt. Tiefenpsychologie und Astrologie werden mehr und mehr zur Deutungskunst, die Seele läßt sich eben schlecht messen. Die vorangestellte Aufteilung der Wissenschaft kann man dahingehend erweitern, daß die Beschäftigung mit Seele und Geist des Menschen die wissenschaftliche Perspektive zu den Bereichen der Kunst und der Weltanschauung öffnet und ausweitet.

Naturwissenschaft	Körper	Wissenschaft
Humanwissenschaft	Seele	Kunst
Geisteswissenschaft	Geist	Weltanschauung

Heutzutage ist die Psychologie zu einer weit verbreiteten Modeerscheinung geworden. Das ist eine Entwicklung, die übertrieben ist und daher nicht von Dauer sein wird. Bald sind wir soweit, daß der Schüler in der Schule seinen Psychotherapeuten fragen muß, bevor er eine Schularbeit angehen kann. Die Lehrer kommen dafür gleich in die psychiatrischen Kliniken.

Im Zuge der allgemeinen Psychologisierung des Alltags und der Lebenseinstellung betrachten viele Astrologen die Astrologie ausschließlich als Humanwissenschaft und reden von Kosmopsychologie, Psychologischer Astrologie oder Astrologischer Psychologie. All diese psychologischen Annäherungen sind ja im Ansatz nicht falsch, sie schränken jedoch die Astrologie ungebührend ein. Man erfreut sich ein paar netter Gedanken der seelischen Zusammenhänge, der flotten Diskussion, doch im Leben ändert sich dadurch noch lange nichts. Die psychologisch betriebene Astrologie erreicht weder den normalen Körperbereich des Menschen, noch reicht sie an das Verständnis seiner geistigen Möglichkeiten heran. Sie bleibt im seichten und lauwarmen Teich der sentimentalen Gefühlsbespiegelung stecken. Sie ist letztlich eine Folge der heutigen Banalpsychologie.

Astrologie zur Psychologie zu erklären, zeugt von Kleinmut, sie zur Religion zu erheben, bedeutet Größenwahn. Obwohl neben der Wissenschaft vor allem die Kirche der eifrigste Kritiker der Astrologie ist, bleibt auch diese von Emotionen geleitete Kritik im wesentlichen unsachlich und ungerechtfertigt. Denn die heutige Astrologie könnte selbst dann nicht als Religionsersatz dienen, wenn sie dies wollte. Zweifellos war die Astrologie in früheren Zeiten ein Teil einer kosmischen Religion. Doch seitdem die Religion das Wissen aus ihrem Zuständigkeitsbereich verbannt hat und sich nur noch um den Glauben kümmert, haben Religion und Astrologie kaum mehr etwas miteinander zu schaffen. Astrologie wird in ihrem geistigen Aspekt immer um das Wissen um die Weltzusammenhänge bemüht sein, womit sie sich freilich als eine gnostische Ketzerei für die Kirche erweist. Wie gut, daß die Scheiterhaufen nicht mehr in Betrieb sind!

Sollte sich also ein Astrologe als Priester fühlen, so ist er der religiösen Abirrung unterlegen, wie der psychologisch ausgerichtete Astrologe der psychologischen Abirrung unterlag. Den geisteswissenschaftlichen Anteil der Astrologie zu bestimmen ist schon deshalb schwer, weil man unter Geisteswissenschaft alles mögliche versteht, auch gewisse Disziplinen, die mit Sicherheit nichts mit Geist zu tun haben. Man könnte etwa die Philosophie und die Mathematik mit gutem Gewissen zu den Geisteswissenschaften zählen, aber auch zum Beispiel die »Geisteswissenschaft« von Rudolf Steiner. Steiner ist wahrscheinlich ein größerer Eingeweihter gewesen, als dies die heutige Welt wahrhaben will. Sein Schicksal scheint es zu sein, daß seine Nachfolger nicht in der Lage sind, seiner Lehre aus dem Sektendasein zum Durchbruch an die breite Öffentlichkeit zu verhelfen. Doch gerade die Anthroposophie bietet ein gutes Beispiel für die Wirksamkeit von Geisteswissenschaften. Wir haben schon gesehen, daß der Übergang von der Natur- zur Humanwissenschaft eine Verschiebung von der Objektivität zu Gunsten der Subjektivität bedeutet, und dies setzt sich bei den Geisteswissenschaften verstärkt fort. Obzwar die Anthroposophie eine höchst subjektive Lehre ist, bewirkt sie eine gewisse objektive Veränderung in der realen sozialen Umwelt. Das ist eben die Macht des Geistes, und das gilt genauso für die Philosophie, die Mathematik und für jede andere Geisteswissenschaft. Den geistigen Anteil der Astrologie kann man mit Astrosophie bezeichnen, sie ist höchst subjektiv, doch einzig allein in der Lage, den Menschen und sein Leben objektiv zu wandeln.

Nach all diesen Abgrenzungen und Einschränkungen bleibt nun die Frage, was Astrologie ist, besser gesagt, was sie sein könnte und sollte. Ähnlich wie die Struktur- und Systemforschung im allgemeinen könnte die Astrologie eine auf den Menschen bezogene Ganzheitswissenschaft sein, die aber alle drei Aspekte des Körpers, der Seele und des Geistes gleichwertig und gleichzeitig zu betrachten und zu beachten hat. Das muß die Astrologie freilich erst werden, denn bedingt durch die stete geistige Talfahrt seit langer Zeit schon, sind wir heute von diesem hohen Ziel mehr denn je entfernt. Die heutige Welt steckt im finsteren Materialismus, und mit der Welt auch die

Astrologie. Ein bißchen Erhellung in dieser Dunkelheit sollte für jeden Astrologen Aufgabe sein, und da die Muse Astrologie unsterblich und unverwüstlich ist, besteht die Hoffnung, daß dies gelingen wird.

Das größte Hindernis für die Erneuerung der Astrologie ist die Angst vor dem Verlust einer falsch verstandenen Objektivität. In Folge einer geistigen Verflachung und seelischen Verarmung versteht man heute unter »objektiv« das, was statistisch nachweisbar ist. Objektiv ist jedoch in Wirklichkeit alles, was ein Subjekt aus sich heraus oder durch seine Tat erzeugt, verändert oder gestaltet, völlig unabhängig von jeder statistischen oder logischen Wahrheit. Die Wirkung in der Umwelt ist immer objektiv, die Methode und der Weg desto subjektiver, je mehr wir uns mit Menschen und nicht mit Maschinen befassen.

Jeder Astrologe kennt das Phänomen: Da wird ein Mensch beraten, er fühlt sich erkannt und bestätigt, er geht zufrieden und mit neuen Ideen nach Hause. Bald stellt sich heraus, daß das verwendete Horoskop falsch ist, da die Geburtsangabe um Stunden nicht stimmt. Dieses Beispiel ist für das Verständnis der astrologischen Funktionsweise mehr als lehrreich.

Was ist hier eigentlich passiert? Vielleicht war der Betreffende ein Mensch, der einfach alles glaubt, was man ihm sagt. Oder haben wir etwa den Beweis, daß die ganze Astrologie Unsinn ist? Zweifellos hat hier ein falscher Weg eine positive Wirkung gezeigt, vorausgesetzt, daß der Astrologe ein guter Astrologe ist. Damit kommen wir in die Nähe der ketzerischen Behauptung – welche die Astrologen gar nicht gerne hören –, daß nämlich ein guter Astrologe gar kein oder zumindest kein vollständiges Horoskop braucht.

Ich höre die Wellen der Empörung und auch die der Schadenfreude rauschen, wenn ich hier solche Behauptungen aufstelle. Wie dem auch sei, eines wird bei diesem Beispiel deutlich: In der Praxis geht es weniger um den Wahrheitsgehalt der Astrologie selbst, es geht vielmehr um die Erzielung einer möglichst positiven und konstruktiven Wirkung. Das verwendete Horoskop war objektiv falsch, die Methode dadurch höchst subjektiv, das Ergebnis aber dennoch zweifelsfrei objektiv. Die Astrologie erweist sich hiermit als Technik, nicht aber als eine heilige Kuh der Wahrheit.

Die moderne Physik ist dabei, die mechanistischen Vorstellungen des 19. Jahrhunderts zu verlassen und mit Hilfe von relativistischen und dialektischen Betrachtungsweisen einen großen Schritt in Richtung der Geisteswissenschaft zu tun. Die moderne Astrologie verharrt nach wie vor bei dieser längst nicht mehr zeitgemäßen Vorstellung, indem sie sich durch eine fortschrittliche, jedoch seelen- und geistlose Psychologie blenden läßt. Was modern ist, muß nicht immer gut sein. Der von den Astrologen oft zitierte Psychologe C. G. Jung gab der Astrologie ganz ohne Zweifel viele Impulse und ein neues Selbstverständnis. Er war bemüht, die Kluft zwischen stofflicher Realität und seelischer Wirklichkeit zu überwinden, und mit seinem Synchronizitätsbegriff gelang ihm eine moderne Formulierung der alten Entsprechungslehre. Doch eine psychologische Betrachtungsweise kann nicht den Bereich des Geistes erreichen, weshalb auch Jung sich im Alter der Alchimie zuwandte. Wenn die Astrologie bei der Psychologie verbleibt, so ist das eine Stagnation. Sie muß vielmehr zu einer Astrologie des Geistes vorstoßen, nur so kann sie ihrer besten Möglichkeit näherkommen. Auf diesem Weg leisten die modernen Naturwissenschaften die beste Hilfe, denn in unserer Zeit sind sie dem Geist am nächsten, obwohl die Naturwissenschaftler selbst kaum eine Ahnung hierüber haben. Insbesondere müssen die Begriffe Relativität und Dialektik verstanden werden und in der Astrologie Anwendung finden.

Wir kommen bei der Ortung der Astrologie und ihrer Möglichkeiten weiter, wenn wir ihren Wirkungsbereich mit denen der anderen Wissensgebiete vergleichen.

Religion:	Mensch in der Sternenwelt (Weltall)
Geist	
Astrologie:	Mensch in der Planetenwelt (Tierkreis)
Seele	
Psychologie:	Mensch auf der Erde
Körper	
Physik:	Erde und Weltraum

Der Preis der hohen, aber einseitigen wissenschaftlich-materialistischen Entwicklung war der Abfall vom Geist und der Verlust der Seele. Nicht nur die Naturwissenschaften, sondern mit ihnen die Menschenkunde, die Philosophie, die Mathematik, die Medizin und auch die Astrologie fielen und fanden sich auf dem Boden einer realen, aber toten Welt wieder. Da operierte der hochberühmte Chirurg Prof. Dr. Schneidebeil einen Patienten und wunderte sich, daß er nirgendwo dessen Seele fand. Da flog der weltbekannte Astronaut Mr. Fliegeman dreimal um den Mond und staunte, daß er nirgends einen Engel traf. Daraus und aus ähnlichen Erfahrungen schloß man dann, daß es so etwas wie eine Seele oder Geistwesen gar nicht geben kann, und die Welt versank in der zuverlässigen aber trostlosen Mechanik einer Spieluhr. Zwar machten die Mathematik und die Philosophie erstaunliche Fortschritte, doch darauf achteten nur wenige Menschen. Auch die Naturwissenschaft entwickelte sich rasch und stellte fest, daß in der Spieluhr ein kleines grünes Männchen verborgen sein muß, denn irgend etwas verursachte Unregelmäßigkeiten im mechanischen Ablauf und sorgte für unberechenbare Sprünge. Schließlich warf der Mediziner Freud in Wien einen imaginären Blick ins Innere des Menschen und entdeckte die vergessene Seele wieder.

Der Mensch steht auf der Erde und betrachtet die Welt. Die Erdoberfläche erscheint ihm flach, ringsherum nimmt er die Umwelt wahr, außen ist die offensichtliche, stoffliche Realität. Innen aber fühlt und denkt der Mensch, der Blick nach innen macht ihm eine seelischgeistige Wirklichkeit bewußt. Die Trennwand zwischen jener stofflichen Außenwelt und dieser seelisch-geistigen Innenwelt ist die Haut, die Begrenzung des eigenen Körpers, und die Sinnesorgane sind die Fenster, die eine Verbindung und einen Austausch zwischen Innen und Außen ermöglichen.

So etwa empfindet der Mensch mit seinem heutigen Bewußtsein, und das ist auch die Ausgangsbasis für die psychologische Betrachtung. Allerdings waren Empfindungen und Bewußtsein des Menschen nicht immer so wie heute, und sie werden auch nicht immer so bleiben.

Geist und Stoff sind letztlich identisch, doch wir müssen sie trennen, wenn wir denken wollen. Darum erleben wir den Stoff außen und den Geist innen, wobei die Seele ein persönliches Verbindungsglied dieser beiden darstellt. Als nun die Psychologie die Existenz von Seele und Geist im Inneren des Menschen erneut entdeckte, war sie von ihrer Entdeckung so begeistert, daß sie die objektive Existenz derselben in der Außenwelt in Frage stellte oder überhaupt leugnete. Damit stellte sich die Psychologie eindeutig auf die Seite der materialistischen Weltanschauung. Der psychologische Fortschritt war beachtlich, doch jede Erneuerung neigt zu einseitigen Betrachtungsweisen, indem man alles andere verwirft.

Die Astrologie hat den Wandel der Weltanschauung stets begleitet. Die frühe Vorstellung von beseelten und »begeisterten« Planeten wurde im Laufe der mechanistisch-materialistischen Weltanschauung fallengelassen und durch die Theorie der Planeteneinflüsse ersetzt. Die psychologische Wende brachte dann die moderne Astrologie hervor, die die Planeten mit den psychologischen Begriffen Synchronizität, Projektion und Introjektion erklärt. Demnach haben die Menschen früherer Zeiten ihre Seele in die Planetensphären projiziert und dort erlebt, die nun durch die Bewußtwerdung verstanden und darum ins eigene Innere zurückgeholt wird. Dieser subjektive Bewußtseinszuwachs hat also die objektive Planetenwelt entseelt und

»entgeistert«. Aber auch die Einflußtheorie wurde abgelegt und die Planetenwelt dadurch astrologisch entmaterialisiert. Ohne stoffliche, seelische und geistige Wirkung hatte nun die Astrologie einen leeren symbolischen Kosmos zu betrachten, dessen wirkliche Inhalte in der eigenen Seele liegen.

Wie schon gesagt, bedeutet diese Psychologisierung der Astrologie zwar Fortschritt, doch auch eine gewaltige einseitige Übertreibung. Aus der Sicht der Seele wird sowohl die Wirklichkeit des Stoffes nach unten wie auch die des Geistes nach oben negiert. Wahrer Fortschritt ist aber nur, wenn man das Alte nicht wegwirft, sondern wandelt, und das Neue stets weiterhin im Auge behält.

Die psychologische Astrologie neigt in der Folge nur allzu leicht dazu, das Konkrete der stofflichen Welt zu verlieren. Zum Beispiel die astrologische Betrachtung des menschlichen Körpers mit möglichen Aspekten auf eine medizinische Astrologie oder aber die konkreten Ereignisse des täglichen Lebens können nicht mehr überzeugend astrologisch behandelt werden. Alles wird zur »Erkenntnis«, doch oft nur zur sentimentalen Gefühlsbespiegelung, und wir haben eine nette, doch wirkungslose und unfruchtbare Astrologie.

Die Wiedergewinnung des Konkreten und Stofflichen ist also eine Hypothek aus der Vergangenheit, und ohne Frage gibt es viele Astrologen, die dies schon längst erkannt haben. Die andere Seite ist die Ausrichtung am Geistigen, und hier liegt die Zukunft der Astrologie. Die psychologische Lehre von Projektionen erfaßt kaum die ganze Wahrheit. Die Introjektion, das Hereinholen der projizierten seelischen Inhalte, ist mit dem Verspeisen vergleichbar. Verstehen, Bewußtwerden sind Essen im Geiste. Wenn wir nun ein Stück vom Wesen des Mars verstanden, also gegessen haben, so heißt es noch lange nicht, daß wir den ganzen Geist des Mars verspeist haben und von ihm jetzt objektiv nichts mehr da ist.

Jeder Planet hat seinen eigenen objektiven Geist. Wo Stoff ist, ist auch Geist, ihn zu sehen bedarf es allerdings eines besonderen Blickes.

Machen Sie ganz einfach eine Reise im Geiste! Stellen Sie sich den Planeten Erde von oben gesehen als Kugel vor. Die Menschen auf der Oberfläche der Erde können zwar frei herumlaufen, doch sie sind Teile der Erde, wie auch die Steine, die Pflanzen und die Tiere. Wir sind Kinder der Erde, und wer wollte noch behaupten, daß unsere Mutter tot ist. Die Erde ist ein Lebewesen, und sie hat Seele und Geist, dieselben, die jeder von uns in sich selbst spürt. Auch der Stein im Sand ist beseelt, denn alles auf der Erde ist mit der Erde eins, der Unterschied zum Menschen ist lediglich, daß der Stein dies nicht weiß. Wohl weiß es aber die Erde, und sie weiß noch viel mehr, denn sie ist klüger als all ihre Kinder zusammen.

Solche Sicht ist bereits der Anfang vom geistigen Schauen. Die Wirkung des Geistes wird sofort sichtbar, denn kein Mensch, der seine Mutter schaut und ihre Liebe erlebt, will sie fortan schädigen. Hier läge die wahre Lösung des Problems mit dem heute so aktuellen Umweltschutz.

Die Astrologie des Geistes hat der psychologischen Anschauung gegenüber eine Dimension voraus. Während die materialistische Weltbetrachtung die Umwelt horizontal erlebt und die Psychologie in die Tiefe der Seele geht, erhebt sich der Geist nach oben zu den Planeten. Von hier aus sieht alles anders aus, doch wir sind der Wahrheit wieder ein Stück näher.

Was für die Erde gilt, gilt auch für jeden anderen Planeten, sie alle leben, sind beseelt und vom Geist durchdrungen. Natürlich sind die Erscheinungsformen des Lebens jeweils völlig verschieden und nicht nach irdischen Maßstäben zu messen. Da wir jedoch keine anderen als menschliche Begriffe haben, dürfen wir ruhig von Körper, Seele oder Geist der Planeten sprechen. Auch der Mond, diese alte Dame unter den Planeten, lebt noch und ist beseelt. Wäre der Mond tot, so würde sein physischer Körper zerfallen, wie auch der menschliche Körper nach dem Tod zerfällt. In der Planetenwelt haben wir auch einen Toten. Die aufgelöste planetarische Leiche eines ehemals blühenden Planeten kreist als entseelter Planetoidengürtel zwischen den Bahnen von Mars und Jupiter.

	Außenwelt	**Innenwelt**
Religion:	Geist	Geist
Geist		
Astrologie:	Stoff und Geist	Stoff und Seele
Seele		
Psychologie:	Stoff	Stoff und Seele
Körper		
Physik:	Stoff	Stoff

Die Physik hat konsequent die Beobachtung und Untersuchung der Natur entwickelt. Deshalb ist sie heute so weit, daß sie sowohl beim Studium der kleinsten Teile (Atomphysik) als auch in der Weltraumphysik an den Grenzen der stofflichen Realität rüttelt. Jeder nachdenkliche Physiker erkennt, daß der Stoff gleichzeitig geistig durchorganisiert, also letztlich der Geist selbst ist, und der Naturwissenschaftler wird infolge seiner Erkenntnis zu einem religiösen Menschen. Der ernsthaft forschende Physiker ist in einem viel größeren Maße religiös als der Gewohnheitskirchgänger, der zwar einiges glaubt, doch nichts von all diesen Dingen versteht.

Die Psychologie macht sich auf die Reise nach innen. Es ist keine körperliche, sondern eine seelische Reise, sie ist dennoch genauso wirklich. C. G. Jung hat ein Leben lang gekämpft, die »Wirklichkeit der Seele« seinen Mitmenschen klarzulegen, eine wahrhaft schwere Aufgabe in einer materialistischen Welt.

Die »Geistreise« zu begreifen, wäre nun die Aufgabe für eine Astrologie der Zukunft. Wie der Astronaut im Raumschiff zum Mond oder zum Mars fliegt, muß der Astrologe dasselbe im Geiste tun. Seelenreisen der Psychologie sind nichts anderes als Reisen des Bewußtseins ins fremde Land des Unbewußten. Das Arbeitsfeld der Astrologie ist die Planetenwelt im Tierkreis. Dorthin muß er also mit seinem Bewußtsein aufbrechen, und der Besuch dieser fernen und fremden Welten wird nicht minder wirklich sein.

Drei maßgebliche Bewegungen der Erde sind in unserem Zusammenhang von Bedeutung: die tägliche Erdumdrehung um die Erdachse, die jährliche Umkreisung der Sonne und die langsame Bewegung des Frühlingspunktes im Weltenjahr. Jede dieser Bewegungen steht bevorzugt mit einer anderen Stufe der Astrologie in enger Beziehung.

Astrologie als Weltanschauung	Weltenjahr	Galaxis	Sterne
Astrologie des Geistes	Jahresumlauf	Sonnensystem	Tierkreis
Psychologische Astrologie	Tagesdrehung	Erde	Häuser

Diese rhythmischen Bewegungen stehen mit vielen anderen Rhythmen im vielseitigen komplizierten Zusammenhang. Ein Beispiel: Der Mensch macht in der Minute 18 Atemzüge, am Tag also 18 x 60 x 24 = 25920 Atemzüge. Andererseits dauert ein Weltenjahr etwa 25920 Jahre. Wir sehen also, daß ein Weltenjahr für die Erde selbst lediglich einen Tag bedeutet, und während des Verlaufs von einem Jahr macht die Erde genau einen Atemzug. Wenn wir noch berücksichtigen, daß die Pulsschläge des Menschen viermal schneller erfolgen (72 in der Minute) als seine Atemzüge, so haben wir bereits ein Stück vom Lebensrhythmus der Erde belauscht: Mutter Erde atmet in der ersten Jahreshälfte aus und in der zweiten Jahreshälfte ein, und dabei schlägt ihr Herz genau einmal zu jeder Jahreszeit.

Wir alle sind Kinder und leben bei unserer Mutter auf der Erde. Unser Vater aber ist die Sonne am Himmel. Die Sonne befruchtet durch ihre Strahlen fortwährend die Erde und zeugt so das Leben; die Mutter trägt es aus, ernährt es und nimmt den toten Stoff wieder in sich auf. Die Seele aber läßt sie nach dem Tod zum Vater fliegen. Wollen wir schon zu Lebzeiten Einblick in das Wesen des Vaters gewinnen, müssen wir uns auf die Geistreise begeben und die Sonne mit unserem Bewußtsein besuchen.

Die Erforschung der mütterlichen Bereiche ist die Aufgabe der Psychologie. Sie geht in die Tiefe und sucht mit dem Bewußtsein Innenräume zu beleuchten. Dabei bleibt jedoch die Psychologie stets im Bereich der Erde. Diese Tatsache findet in der Astrologie ihren Niederschlag, indem die psychologische Astrologie vor allem mit dem Häusersystem arbeitet. Die Häuser zeigen das Verhalten und die Verhaltensstörungen des Menschen in den verschiedenen Lebensbereichen. Das eigene Verhalten zu verstehen und lästige Störungen abzulegen, ist auch der erste Schritt der geistigen Entwicklung. Die »Erlösung« von den astrologischen Häusern ist sozusagen die Aufnahmeprüfung für die Gralsuche, näheres darüber findet sich in »Astrologie der Wandlung«.

Die Seele kommt weit her, von einem weiten und fernen Stern. Sie durchquert die Sphären und landet auf der Erde, wo der Mensch geboren wird. Die Selbsterkenntnis führt zunächst nach innen, bis der Mensch die innere Sonne gefunden hat. Dann erst beginnt die Geistreise, und sie führt nach oben. Sobald man sich von der Erde entfernt hat, wird man feststellen, daß die Erdumdrehung jetzt keine große Rolle mehr spielt. Wir blicken hinunter und sehen die wunderschöne Erde, unsere Herzen sind erfüllt von Liebe. Die Tagesumdrehung interessiert uns jedoch kaum mehr, wir merken, daß wir um die Sonne kreisen, wir sind im Tierkreis.

So auch in der Astrologie. Sobald der Mensch seine Verhaltensstörungen abgelegt hat (einige unwesentliche darf er schon behalten), hat er seine psychologische Aufgabe gelöst und kann seine astrologischen Häuser vergessen. Die Häuser »wirken« einfach nicht mehr, er ist ein Stück freier geworden von seinem Horoskop. Der Mensch auf der Geistreise hat die erste Schale der astrologischen Zwiebel abgelegt und kann jetzt sein Horoskop gewinnbringend auf der Ebene des Tierkreises studieren.

Während Sokrates am Horoskop meißelte, murmelte er sinnend vor sich hin: »Der Sinn der Astrologie ist die Befreiung vom Horoskop.« Dabei dachte er dankbar an Vater und Mutter.

(Astrologie des Schwanes)

Das geheimnisvolle
Haus der Seele und die
aufrechte Säule des Geistes

In der heutigen Astrologie spielen die Häuser eine ausschlaggebende
Rolle. In »Astrologie des Schwanes« wird hingegen die Häuserastrologie zwar hin und wieder erwähnt, doch nie ausführlich behandelt.
Dies liegt nicht an der Unkenntnis der Sache, vielmehr an der Tatsache, daß Johannes ganz einfach kein Interesse an den astrologischen
Häusern hatte. Um jedoch den Anschluß an seine Astrologie zu finden, müssen wir hier die Häuserastrologie kurz behandeln.

Sucht man einen Rahmen, der die verschiedenen Aspekte der
Astrologie umfaßt und befriedigend darstellt, so kommt man zur fol-
genden Ordnung:

Technik	Messen	Wissenschaft
Deutung	Ermessen	
Prognose	}	Kunst
}	Gestalten }	
Wandlung }		

Die Grundlage bildet das Errechnen und das Aufstellen des Horoskops, das ist der wissenschaftliche Teil der Astrologie. Die Wissenschaft endet dort, wo das Horoskop fertig erstellt vorliegt. Jedes wissenschaftliche Bemühen darüber hinaus (Statistiken, Computer usw.) ist umsonst und täuscht nur etwas vor, das nicht vorhanden ist. Der technisch-wissenschaftliche Umgang mit der Astrologie ist von vorgestern, er ist ein Überbleibsel des mechanistischen Weltbildes aus dem 19. Jahrhundert.

Für eine befriedigende astrologische Deutung muß man in der Lage sein, das Gemessene mit Bezug auf den jeweiligen Menschen zu ermessen. Das ist keine Wissenschaft mehr, sondern Kunst, die nicht nur Wissen, sondern auch Können erfordert. Der Unterschied zwischen astrologischer Technik und Deutung ist mit dem zwischen der akademischen Psychologie und der Tiefenpsychologie vergleichbar. Jedes Horoskop ist wie jeder Mensch ein einmaliges Kunstwerk. Dies sollte die Einstellung der heutigen psychologischen Astrologie sein, und sie sollte sich streng vor der Gefahr hüten, in mechanistische Vorstellungen zurückzufallen.

Die psychologische Astrologie ist der weibliche Weg zur Wahrheit. Darum stellt sie die Wirklichkeit der Seele in den Vordergrund, erforscht die Geheimnisse seelischer Innenräume und muß mit der astrologischen Betrachtung bei den Häusern ansetzen.

Das geheimnisvolle Haus der Seele ist ein weibliches Symbol, die Ergänzung hierzu ist die aufrechte Säule des Geistes. Während der weibliche Kreis den Menschen umhüllt und schützt, öffnet das Männliche und legt Hülle um Hülle ab.

Der Geistfunke kommt vom zeitlosen Weltenraum her, durchquert die Milchstraße und das Sonnensystem und läßt sich auf der Erde im Stoff gefangennehmen. Der Mensch wird geboren und sieht sich in der Zeit gefangen. Als allererstes erlebt er den schnellen Wechsel von Tag und Nacht, im Horoskop als Häusersystem sichtbar.

Das Studium der Häuser ist also die unabdingbare Voraussetzung für jede weitere Stufe der Astrologie. Psychologie ist durchaus mit dem Einatmen vergleichbar: Die Aufmerksamkeit ist nach innen gerichtet. Nach dem Einatmen kann das auswärts gerichtete Ausatmen erfolgen: Der Mensch fängt an, seine Umwelt, sein Schicksal und sein Horoskop aktiv zu gestalten. Erst auf dieser Stufe wird astrologische Prognose möglich, und auch hier nur grundsätzlich als Möglichkeit, niemals als Sicherheit.

Obwohl der Ruf der Astrologie unabänderlich mit der Prognose verknüpft ist, stellt diese den unwichtigsten Bereich der ernsthaften Astrologie dar. Sobald der Mensch erkannt hat, daß er zumindest teilweise sein Schicksal selbst gestalten kann, ist er an seiner Wandlung selbst, nicht aber an deren Voraussage interessiert. Wer sich nicht wandeln will, wird freilich von außen durch das Schicksal gewandelt. In diesem Fall ist es denn auch relativ leicht, seine Zukunft vorauszusagen.

So ist also die Wandlung die höchste Stufe der Astrologie. Sie ist kunstvolle Lebensgestaltung, wobei die Astrologie als Hilfsmittel dient. Das Horoskop wird nicht als etwas Unabänderliches hingenommen, sondern als plastisches Abbild des eigenen Lebens, das man formen und verändern kann, bis man es nicht mehr braucht.

Kehren wir nun zu den Häusern zurück. Der Mensch erlebt die Erde hauptsächlich als Fläche und orientiert sich mit Hilfe der vier Himmelsrichtungen. Die Wendung zum Orient führt in die Gegend des Aszendenten, hier ist der Beginn der durch die astrologischen Häuser aufgezeigten Entwicklung und auch ihr Ende. Mit Hilfe des Achsenkreuzes (Aszendent, Deszendent, M.C. und I.C.) ist die Orientierung der Seele nach den Himmelsrichtungen gegeben, das Horoskop wird zur Landkarte des Lebens mit zwölf Lebensbereichen.

Das Symbol für den Aszendenten kann ein Punkt sein. Hier ist das Ich des Menschen, seine natürliche und egozentrische Einstellung der

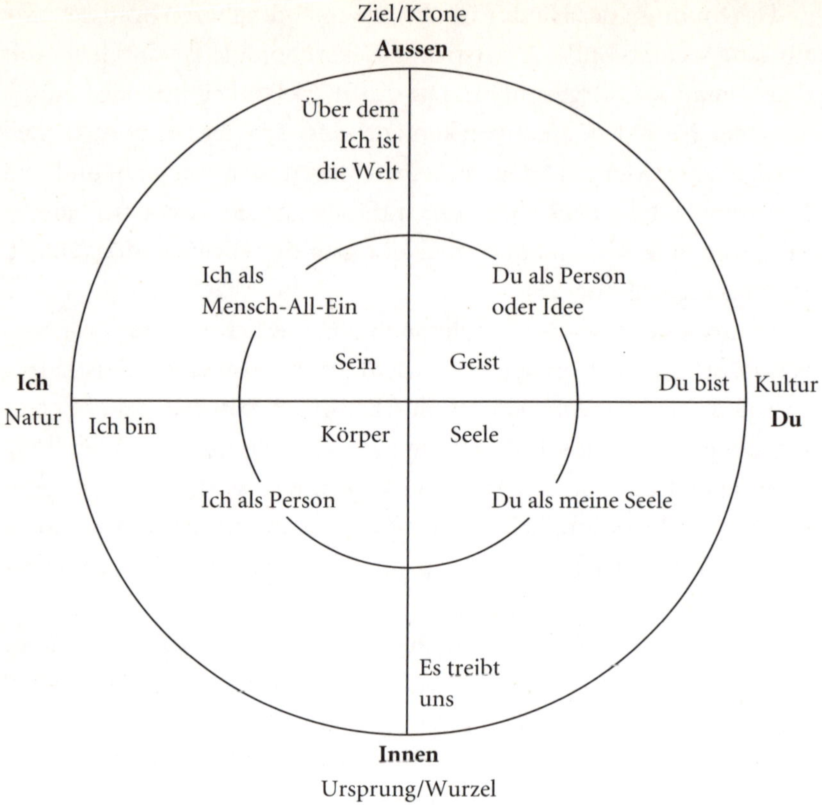

Ziel/Krone

Aussen

Über dem
Ich ist
die Welt

Ich als
Mensch-All-Ein

Du als Person
oder Idee

Sein   Geist

Ich   Du bist   Kultur

Natur   Ich bin   **Du**

Körper   Seele

Ich als Person

Du als meine Seele

Es treibt
uns

Innen

Ursprung/Wurzel

Das Achsenkreuz und die vier Quadranten im Horoskop

54

Welt gegenüber. Was natürlich ist, ist meist auch unbewußt; insofern ist das Bewußtwerden des Aszendenten eine Aufgabe, die der Mensch im Laufe seines Lebens zu lösen hat. Der Aszendent ist der Kristallisationspunkt für zwei astrologische Häuser, nämlich für das zwölfte und das erste Haus. Während das zwölfte Haus die verborgene, esoterische Seite des Aszendenten zeigt, kommt der Aszendent im ersten Haus klar sichtbar (exoterisch) zum Ausdruck. Dasselbe gilt für alle vier Eckpunkte des Achsenkreuzes, so daß wir unter Berücksichtigung der Zwischenhäuser (2., 5., 8. und 11.) eine Achtteilung (statt einer Zwölfteilung) des Horoskops vor uns haben. Das erleichtert das Verständnis vom organischen Zusammenhang der Häuser.

12. Haus			
	Aszendent	gegen Osten	Ich
1. Haus			
2. Haus	....		
3. Haus			
	I.C.	Norden	Innen
4. Haus			
5. Haus	....		
6. Haus			
	Deszendent	gegen Westen	Du
7. Haus			
8. Haus	....		
9. Haus			
	M.C.	Süden	Außen
10. Haus			
11. Haus	....		

Die unbewußte Natur des Aszendenten kann zum Beispiel durch die Körpermerkmale des Menschen zum Ausdruck gelangen. Den bewußten Gegenpol finden wir im Westen: Aszendent und Deszendent bilden die Polarität der persönlichen Achse – im Horoskop. Am Aszendenten ist der Mensch allein, am Deszendenten erfolgt die Begegnung mit dem Du: mit einem anderen Menschen, mit verschiedenen Menschen, mit der Welt oder mit einer Idee. Das Subjekt erfährt seine Ergänzung durch das Objekt, dadurch erst wird das Denken, aber auch die Kultur möglich. Der Aszendent stellt die unkultivierte Natur, der Deszendent die unnatürliche Kultur dar. Nur beide zusammen ergeben sinnvollerweise eine natürliche Kultur bzw. eine kultivierte Natürlichkeit. Solch konstruktive Vereinigung von polaren Gegensätzen ist typisch und unumgänglich für die in der Sprache der Astrologie beschriebene Entwicklung.

Wie der egozentrische Punkt für den Aszendenten, steht der altruistische leere Kreis als Symbol für den Deszendenten.

Das Ich-gerichtete Bewußtsein des Aszendenten wird am Deszendenten, an der Peripherie des Kreises verteilt und verliert sich im Kontakt mit dem Du und der Umwelt. Beide für sich sind einseitige Einstellungen, nur zusammen ergeben sie den zentrierten Kreis: den selbstbestimmten und zugleich kontaktfähigen Menschen.

Ich	Du	Sonne

Die Entwicklung verläuft von der natürlichen, aber unbewußten Einheit des Aszendenten zum Du. Erst hier, am Deszendenten, wird Erkenntnis möglich, und der Mensch verliert seine Natürlichkeit: Der Deszendent symbolisiert den Sündenfall. Die erneute Rückkehr zum Aszendenten unter Beibehaltung der Erfahrungen mit dem Du schafft die Synthese: Im 12. Haus ist der Mensch ein Mensch-All-Ein und eins mit dem All.

Der Querschnitt durch die Zwiebel belehrte Sokrates über den Aszendenten, und er aß vor lauter Freude die ganze Zwiebel auf. Die zweite Zwiebel schnitt er längsseits auf, und nach einer Zeit der Betrachtung verstand Sokrates das Wesen vom Meridian.

(Astrologie des Schwanes)

Das auf ein Blatt Papier gezeichnete Horoskop ist eine zweidimensionale Vereinfachung der dreidimensionalen Himmelssicht. Die Entwicklung des dreidimensionalen Horoskops wäre ein wesentlicher Fortschritt für die Astrologie, doch schon das Studium einer Zwiebel leistet mitunter wertvolle Dienste. Der Querschnitt durch die Zwiebel ist bereits durch die Symbolik von Punkt und Kreis beschrieben, durch die Vielfalt der konzentrisch angeordneten Zwiebelschalen zeigt sich lediglich die Vielfältigkeit der Aufgabe. Man muß eben über sieben Brücken gehen, bis die Vereinigung von Ich und Du die Sonne das all-einigen Selbstbewusstseins erstrahlen läßt.

Der Längsschnitt der Zwiebel zeigt eine ganz andere Struktur. Wir sehen in der Mitte eine aufrechte Säule, die den Kreis nach unten zur Erde und nach oben zum Himmel hin öffnet. Genauso öffnet die Meridianachse den Kreis der Häuser, indem sie die horizontale Ebene der persönlichen Belange verläßt und den Blick zum Himmel hinauf und in die Erde hinunter ermöglicht. Der Meridian ist die unpersönliche Achse im Horoskop. Während man entlang der Horizontalachse sich mit einem oder mehreren Partnern zu einigen hat, gelten hier Gesetze, die der Mensch kaum verändern kann. Am I.C. ist das Reich der Mütter, es ist die Lebensquelle, von dort kommen wir und werden ernährt, dorthin werden wir am Ende zurückkehren. Asche wird zur Asche, und nur der Phönix überlebt das Feuer und fliegt zum Himmel hinauf. Am I.C. ist das Wurzelwerk der Triebe, das Erbe des Tieres, hier herrschen die Gesetze der Gattung.

Der Baum, der am I.C. wurzelt, wirft am M.C. seine Krone und trägt seine Früchte. Dieser Bereich der Väter ist genauso unpersönlich wie der der Mütter, nur regiert hier nicht das Es, sondern das Über-Ich. Deshalb wirken die Leute so komisch, die ihre berufliche Position mit ihrer Persönlichkeit verwechseln. Die individuelle Entwicklung des Menschen im Rahmen der Häuserastrologie zu beschreiben ist nicht möglich, denn sie setzt erst richtig ein, wenn der Mensch seine Verhaltensstörungen einigermaßen überwunden hat. Trotzdem zeigt die vertikale Achse im Horoskop den Weg, den Kreis der Häuser zu öffnen und abzulegen. Die Entwicklung beginnt bei der Mutter am I.C. und verläuft nach oben zum M.C., in die Außenwelt. Wer allerdings die Individuation am M.C. enden läßt, der ist der psychischen Inflation verfallen, er läßt die Bäume in den Himmel wachsen und wird eines Tages wie die überreife Frucht zu Boden fallen. Die Außenwelt ist nur das Mittel zur Selbstfindung und nicht das endgültige Ziel; der Weg führt erneut nach unten zum I.C., und der Mensch kehrt mit der Fackel des Bewußtseins zu den Müttern zurück.

M.C.

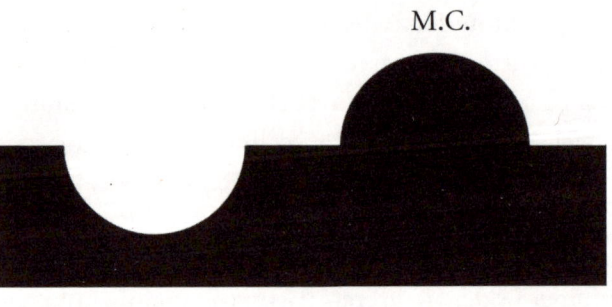

I.C.

Das Leben ist eine Wanderung. Wir können als Symbol für das I.C. das Tal setzen und den Berg für das M.C., und die Wanderung beginnt. Ganz unten im Tal ist die Lebensquelle, dort wurde der Mensch geboren. Er verläßt die beschützende Grube der Mutter und begibt sich auf die horizontale Ebene der Erdoberfläche (Aszendent - Deszendent). Hier ist der Alltag. Eines Tages erblickt der Mensch einen Berg, und das Gipfelkreuz zieht ihn mächtig an. Diesen Berg zu besteigen macht er sich zur Lebensaufgabe, und er hat ein Ziel gefunden. Das Besteigen des Berges bringt viele Erfahrungen mit sich, oben am Gipfelkreuz scheint herrlich die Sonne, das Ziel ist erreicht. Manche Wanderer kommen jetzt auf die Idee, immer weitere Gipfel zu erklettern, bis sie sich womöglich eines Tages aus Altersschwäche zu Tode stürzen. Der erfahrene Bergsteiger begibt sich jedoch langsam auf den Heimweg. Wieder auf der Ebene angekommen, berichtet er den anderen Menschen von seinen Erfahrungen und Erlebnissen, bis er seine Zeit kommen fühlt. Dann geht er ins Tal, zur Quelle, legt sich hin zum letzten Schlaf, und die Grube, der er einst entstieg, wird nun sein Grab.

Das Achsenkreuz im Horoskop zeigt also eine doppelte Polarität: horizontal zwischen Ich und Du, vertikal zwischen Außen und Innen. Die Bedeutung der Zwischenhäuser ergibt sich aus der entsprechenden Kombination dieser vier Pole, ebenso die Bedeutung der vier Quadranten des Horoskops.

1. Viertel	Ich-Innen:	Ich als Person	Körper
2. Viertel	Du-Innen:	Du als meine Seele	Seele
3. Viertel	Du-Außen:	Du als Person oder Idee	Geist
4. Viertel	Ich-Außen:	Ich als Mensch-All-Ein	Sein

Im ersten Viertel ist der Mensch eine in sich abgeschlossene Persönlichkeit, seine Haut trennt ihn von der Umwelt, sein Innenleben ist eine unbewußte Körperlichkeit. Die polare Ergänzung hierzu findet sich im dritten Viertel, wo der Mensch der objektiven Außenwelt begegnet. Das Du kann ein anderer Mensch sein, aber auch eine Idee, denn der Geist berührt uns immer von außen. Auf jeden Fall ermöglicht die Begegnung das Denken und läßt Bewußtsein entstehen. Im zweiten Viertel erlebt der Mensch seine Innenwelt als Du und bezeichnet sie als seine Seele. Die Begriffe Seele und Geist sind schwer auseinanderzuhalten, der wichtigste Unterschied ist wohl, daß wir unter Seele etwas Persönliches verstehen, während der Geist etwas Objektives ist. Die polare Ergänzung findet man wiederum gegenüber im vierten Quadranten. Hier ist die Grenze der Haut durchlässig, und der Mensch kann im höchsten Falle mit seinem Ich-Bewußtsein die ganze Welt umfassen. Anderenfalls bleibt er einsam.

Nach dem Studium der Zwiebel notierte Sokrates eine rätselhafte Gleichung:

$$\mid \; + \; \bigcirc \; = \; \odot \; = \; \oplus$$

Danach bestieg er die aufrechte Säule des Geistes und verließ die Ebene der Häuser nach oben.

(Astrologie des Schwanes)

Das zweidimensionale Horoskop projiziert das räumliche Himmelsbild auf ein Blatt Papier. Genauso zwingt die Häuserastrologie den Menschen auf die materielle Ebene der Realität, die sich auf der Erdoberfläche abspielt. Wenn man sich die himmelsmechanischen Grundlagen des Horoskops klarmacht, wird dieser Tatbestand deutlich.

Der Aszendent ist der Schnittpunkt zwischen Horizont und Tierkreis, im Horoskop stellt die Achse des Aszendenten den gesamten Horizont dar. Der Horizont ist jedoch keine Linie, sondern eine Fläche. Ein weiterer Punkt des Horizonts ist zum Beispiel der Ostpunkt im Horoskop: der Schnittpunkt zwischen Horizont und Himmelsäquator. Diesen Sachverhalt versucht die beigefügte Zeichnung zu illustrieren, die man als einen ersten Ansatz zu einem möglichen dreidimensionalen Horoskop ansehen kann. Der Horizont erscheint dort als viereckige Fläche, erzeugt durch die vier Punkte Ostpunkt, Aszendent, Westpunkt und Deszendent. Dabei stellt die in den Tierkreis gezeichnete Ellipse den Himmelsäquator dar. Dieser schneidet den Tierkreis am Frühlings- bzw. Herbstpunkt und liegt ansonsten südlich bzw. nördlich davon. Die Entwicklung des dreidimensionalen Horoskops ist zweifellos eine Aufgabe für die Astrologie der Zukunft, denn langsam fangen wir tatsächlich zu begreifen an, daß die Erde eine Kugel ist.

Wesentlich ist nun, daß die Häuserastrologie das gesamte Horoskop auf die horizontale Ebene der Erde herunterholt. Die Himmelsrichtungen sind Richtungen auf der Erdoberfläche, somit weist zum Beispiel das M.C. auf den Südpol der Erde. Das erkennt man sofort, wenn man sich die Bedeutung der zwölf Häuser vergegenwärtigt. Das zehnte Haus etwa ist das Berufshaus, Beruf im Sinne der Karriere ist eine ganz und gar irdische Angelegenheit. Das vierte Haus ist das Haus des Innenraumes, von der Häuserastrologie als das konkrete Heim und Zuhause verstanden. Alle zwölf durch die Häuser dargestellten Lebensbereiche werden samt und sonders als Angelegenheiten der irdischen Realität begriffen.

Diese irdische Sicht ist ja nicht falsch, schließlich kann kein Mensch die Notwendigkeiten des Erdenlebens ignorieren. Sie ist jedoch äußerst einseitig, nimmt sie doch dem Leben jegliche geistige Dimension.

In Wirklichkeit ist nur die horizontale Achse im Horoskop irdisch, Aszendent und Deszendent liegen auf der Ebene der Erde. Das persönliche Leben und der Alltag sollten auch nicht unbedingt vergeistigt werden, sonst verhungert der Mensch noch. Die Meridianachse hingegen liegt keineswegs auf der Erde, sie weist und verweist nach oben und nach unten in und auf den Himmel. Individuation bedeutet, die geistige Wirklichkeit hinter der irdischen Realität zu sehen und das Leben nach jener auszurichten. Verwurzelung und Ziel des Menschen liegen in geistigen Bereichen und nicht auf der Erde. So wird das zehnte Haus im Horoskop zum Haus der Berufung, und diese hat gar nichts mit dem beruflichen Erfolg im irdischen Sinne zu tun. Berufung ist vielmehr ein geistiger Auftrag, den zu finden Glück

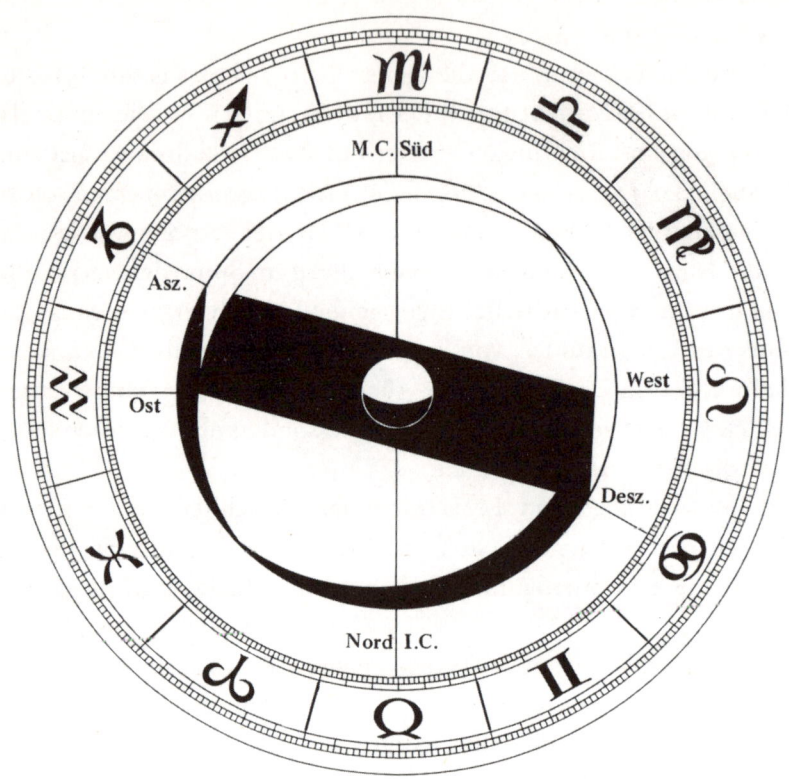

Ein Ansatz zum dreidimensionalen Horoskop

und Verpflichtung zugleich bedeutet. Das vierte Haus wird zum Schoß der Mutter Erde, um dessen Erleuchtung zum Beispiel die Tiefenpsychologie bemüht ist. Der Weg zum I.C. führt zunächst in die Erde hinein – es wird immer heißer – zum Erdmittelpunkt, wo eine wichtige Umstellung erfolgt.

Sokrates erkannte diese Tatsachen anhand seiner Zwiebelstudien. Der Querschnitt zeigt das gewöhnliche Horoskop, sozusagen auf die Erde geklebt. Die zwölf Häuser zeigen die verschiedenen Polaritäten an, die alle ausgeglichen werden wollen. Geschieht dies, so findet sich der Mensch plötzlich in der Mitte des Horoskops, umringt von den zwölf Häusern, die ihn nicht mehr zwingen. Jetzt sah Sokrates den Längsschnitt der Zwiebel und die aufrechte Säule, die weg von der Erdoberfläche in den Himmel ragt. Das Häuserhoroskop kann verlassen werden, wenn man aus der Zweidimensionalität des Blattes in den Raum springt.

Auch Perceval fand auf dem Berg Dolerous die aufrechte Säule der Philosophen:

»Perceval legte seinem Roß die Zügel wieder an, saß auf und ritt bis zum Gipfel des Berges Dolerous. Da erschaute er den Pfeiler und das ganze Werk, das man wohl loben konnte. Es bestand aus fein geglättetem Kupfer und leuchtete goldrot. Er war wohl einen Pfeilschuß hoch, und fünfzehn Kreuze standen ringsherum. Jedes von ihnen hatte wohl eine Länge von zwölf Klaftern. Ich glaube nicht, daß je ein Mensch ein so reiches Werk erschaut hat, wie die Geschichte uns versichert, die bald zu Ende geschrieben sein wird. Perceval verfiel in tiefes Staunen, da er die großen Wunder erschaute: denn fünf von diesen fünfzehn Kreuzen waren rot, fünf andere waren weiß, weißer als frischgefallener Schnee auf den Ästen. Die fünf übrigen prangten in schöner azurblauer Farbe. Die Farben waren durchaus von der Natur geschaffen, und es waren die Kreuze aus hartem Stein gemacht, der alle Tage überdauern wird. Perceval bewunderte immerzu die Schönheit der Kreuze. Hierauf betrachtete er wieder den hoch und schön steil aufgerichteten Pfeiler. Da sah er einen Ring daran befestigt, ich weiß nicht, war er aus Silber oder aus Gold, auf jeden Fall war er den ganzen Schatz wert, den man in einem Turm unterbringen kann. Darauf stand ringsum in feinen silbernen Buchstaben eine Inschrift, die in ihrem Latein, ohne ein Wort aus einer anderen Sprache, versicherte, es könne kein Ritter ohne Schmach sein Roß an dem Pfeiler anbinden, wenn er sich nicht mit den besten Rittern der Welt, die in der heutigen Zeit leben, vergleichen könne. Perceval konnte nicht lesen, er hatte aber den Ritter, den er in das Marmorgrab hinabgestoßen hatte, davon sprechen hören. Der hatte ihm den ganzen Inhalt mitgeteilt.

Perceval stieg ab, griff nach seinem Zügel und knüpfte ihn dort an.«

(»Perceval« von Chrestien de Troyes)

Am Fuße der Säule scheiden sich die Wege und die Geister. Das ist der tiefere Grund, weshalb sich Psychologen und Philosophen nie richtig verstehen, sondern ständig miteinander streiten. Der Psychologe geht wie Perceval – obwohl letzterer beileibe kein Psychologe war – den weiblichen Weg der Seele, der Philosoph – und Sokrates war ein Philosoph – den männlichen Weg des Geistes.

Johannes, der Berichterstatter aus dem Mittelalter, verstand, daß beide Wege zum selben Ziel führen, darum vermischt er in »Astrologie des Schwanes, aufgeschrieben von Johannes« beide Gestalten. Johannes dachte zweigeschlechtlich.

Sokrates besteigt die aufrechte Säule und klettert in den Himmel. Astrologisch gesprochen, wählt er das helle Tor des M.C. und verläßt so die Ebene der astrologischen Häuser. Er wird in den Tierkreis gelangen und erkennen, daß der männliche Weg zur Zweiten Mutter führt. Wer die Mutter Erde nach oben verläßt, erreicht die größere Mutter, die der Tierkreis selbst ist. Hat der Wanderer noch Kräfte, kann er noch weiter gehen.

Sokrates wußte aber auch um den weiblichen Weg, um die entgegengesetzte Verlängerung der Säule in die Erde hinein, wie dies seine rätselhafte Gleichung zeigt. Diesen mochte er nicht gehen, das tat Perceval. Das Schicksal des Perceval ist es, das Tal zu durchqueren. Ganz unten im Tal findet sich das dunkle Tor des I.C., das direkt in den Schoß der Mutter Erde hineinführt. Auch hier verläßt man die Ebene der Häuser, doch man geht durch das Geheimnisvolle Haus der Psychologen nach innen. Je tiefer der Wanderer steigt, desto heißer glüht die Erde, und ihre Kernkraft wächst gewaltig.

Wie lange geht man in den Wald hinein? Bis zur Mitte, dann geht man wieder hinaus. Im Erdmittelpunkt sah Perceval eine Gralsburg, die wie die Sonne glühte und alles, was Stoff ist, verbrannte, und darinnen sah Perceval den Neuen Vater thronen.

Darum sprach Johannes: Der Weg zum Vater führt zur Mutter, und der Weg zur Mutter führt zum Vater, denn Vater und Mutter sind eins. Der Mensch aber erfährt es zweimal: wenn er gezeugt wird und wenn er stirbt.

(Astrologie des Schwanes)

Die Sieben Sphären, wie die alten Babylonier sie sahen

Die Sieben Sphären

Der Sinn der Astrologie ist die Befreiung vom Horoskop. Darum ist ein guter Astrologe eine Hebamme, ein kosmischer Geburtshelfer. Mit dem ersten Atemzug wird der Mensch in sein Horoskop hineingeboren. Dieses ist ihm jedoch zu groß, der Mensch muß in sein Horoskop hineinwachsen. Manfred Keyserling: »Früher war es Brauch, den Konfirmandenanzug eine oder zwei Nummern zu groß zu kaufen, damit er auch noch zum Abitur paßte. Genauso ist es mit dem Horoskop.« Hat der Mensch die Möglichkeiten seines Horoskops erkannt, erfahren und erlebt, und will er noch weiter gehen, so muß er die Sieben Sphären durchqueren und sich Schritt für Schritt von den zwingenden Notwendigkeiten seines Horoskops befreien. Dabei muß der Mensch die vorgegebenen Strukturen seines Horoskops verändern, er muß zum kreativen Bildhauer seines Schicksals werden. Dazu hat er ein Leben lang Zeit.

Die Sieben Sphären werden in der astrologischen Symbolik durch die sieben klassischen Planeten dargestellt. Die chaldäische Reihe (Mond, Merkur, Venus, Sonne, Mars, Jupiter, Saturn) zählt die Planeten nach ihrer Geschwindigkeit auf, sie symbolisiert damit alle nur denkbaren zeitlichen Abläufe. In unserem Zusammenhang ist es die Lebensdauer eines Menschen, die heutzutage statistisch etwa 70 Jahre beträgt. Somit erhalten wir Richtwerte für eine altersgemäße

Der Rabe

Entwicklung, die natürlich für den individuellen Fall überhaupt nicht zutreffen müssen, dafür jedoch die Richtung der Entwicklung verständlich machen können (siehe Anhang).

Diese zeitliche Entwicklung wurde in »Astrologie der Wandlung« ausführlich beschrieben. Hier wollen wir die Aufmerksamkeit mehr auf die räumlichen Verhältnisse lenken und versuchen, Sokrates auf seiner Reise durch die Planetensphären zu begleiten.

Auf der Erde leben wir in der sublunaren Welt, das heißt unterhalb des Mondes, in der Mondsphäre. Die Sphäre eines Planeten ist als eine die Erde umfassende Kugel zu denken, deren Radius durch die scheinbare Bewegung des Planeten um die Erde bestimmt wird. So befindet sich also die Erde in der Mondkugel, die wiederum von den Kugeln des Merkur, der Venus usw. umfaßt wird. Wir leben wie die ungeborenen Küken im Ei, und dieses Ei hat sieben Schalen.

Das Ei muß ausgebrütet werden. Das Bild des brütenden Huhnes entspricht dem Vogel Raben: dem alchimistischen Zustand der »nigredo«. Das Huhn (oder den Raben) finden wir im Tierkreis, wenn wir die Sphären mit den Planetenherrschern der Tierkreiszeichen kombinieren. In der Zeichnung (Der Rabe) stellt der Mittelpunkt die Erde dar, umgeben von sieben konzentrischen Kreisen: den planetarischen Sphären von Mond, Merkur, Venus, Sonne, Mars, Jupiter und Saturn. Entsprechend den Herrschaftsbereichen im Tierkreis, bedecken nun die Planetensphären die Erde. So wirkt zum Beispiel die Sonne als vierte Sphäre vom vierten Kreis herein, der Mond vom ersten Kreis usw.

Das Ei auszubrüten heißt, Schale um Schale abzulegen, oder – mit unserem früheren Bild – die Zwiebel zu schälen. In der dargestellten Form ist der astrologische Rabe allgemeingültig, er läßt sich jedoch leicht auf das persönliche Horoskop übertragen, indem man die tatsächlichen Positionen der Planeten im Tierkreis berücksichtigt.

Nachdem der Mensch mit den astrologischen Häusern seine Verhaltensstörungen hinter sich gelassen hat, lebt er nun im Zustand der »nigredo« seinen Anlagen gemäß. Er ist aber noch lange nicht frei. Jeder Planet im Horoskop wirkt als notwendiges Schicksal, ob dieses gut oder böse ist. Erst das Ablegen der Schale gibt die entsprechende planetarische Kraft frei, der Planet im Horoskop wirkt nicht mehr zwingend, der Mensch kann – wenigstens zum Teil – sein Leben selbst gestalten.

Als Sokrates in die Sphäre des Mondes kam, sah er eine Welt voller Nebel. Überall stiegen dicke Dunstschwaden vom feuchten Boden hoch, und Sokrates konnte nichts deutlich erkennen. Er konnte keinen klaren Gedanken fassen, wurde von unerklärlichen Launen abwechselnd zum Lachen und zum Weinen gezwungen und empfand dabei weder Wärme noch Kälte, weder Freude noch Leid. Wie der Fisch im Meer, schwamm Sokrates in dieser undeutlichen Nebelwelt dahin, von unbekannten Kräften getrieben.

Hinter den Schleiern, in weiter Ferne des hohen Himmels, erblickte Sokrates eine fahle Sonne und den Planeten Erde, sonst konnte er dort nichts sehen. Plötzlich stolperte er und fiel hin. Lachende Kindfrauen mit weichen und alten Gesichtszügen, die sich alle ähnlich sahen, betteten ihn auf etwas Weiches, wo er sofort einschlief. »Träume schön, Sokrates« – sprach eine große Frau zu ihm und bot ihm ihre pralle Mutterbrust an. Begierig griff Sokrates danach, er trank und kuschelte sich zufrieden zwischen die bergenden Hügel des mütterlichen Fleisches. Er sah bunte Wiesen mit fröhlich zwitschernden Honigvögeln, einen Wald, einen Höhleneingang und drohende dunkle Wolken am Horizont. Ein Blitz zerriß für einen Augenblick den dichten Vorhang der Nebel, und bevor Sokrates den Donner hören konnte, flüchtete er durch die schmale Pforte in die dunkle Höhle.

»Du bist zu Hause, Sokrates« – sagte die Große Mutter. Er befand sich in einem runden Raum. Ringsherum sah er Bilder, die ihm alle bekannt vorkamen: sein Haus in Athen, seine Frau, den Sklaven scheltend, den Wald der Hirsche, sich selbst als Kind bei der Platane am Artemis-Tempel spielend und vieles mehr. Sokrates spürte die pulsierende Wärme, die ihn einhüllte. Ein noch nie erlebtes Gefühl der bedingungslosen Geborgenheit erfüllte seine Seele mit unverlangter Dankbarkeit und unbeschreiblicher Wonne. »Ich muß im Paradies sein« – stammelte er vor Freude weinend und staunte selbstverloren über die nicht enden wollende Vielfalt der bunten Bilder um sich herum.

Jetzt erreichte ihn der Donner. Die Höhle erdröhnte und erzitterte im Widerhall, vom Eingang her strahlte grelles Licht herein und blendete die Augen, so daß Sokrates nichts mehr sehen konnte. Zahnlose Furien umsprangen kreischend den zu Tode erschrockenen Griechen und drängten ihn zum Ausgang hin, wobei sie im Chor brüllten: »Dein Paradies ist die Hölle, Sokrates«. Schwefelgestank stieg auf, der Druck nahm ständig zu, und Sokrates wußte, daß er bald ersticken würde.

Dann ging alles sehr schnell. Unter dem unentwegten Druck der Höllenweiber, die mit ihren zahnlosen Mäulern an Sokrates Körper saugten, erreichte er das Tor und warf sich in letzter Verzweiflung ins lichte Nichts. Als er die Augen aufmachen konnte, sah er sich im Freien unter hellem Sonnenschein. Die Nebel waren verschwunden.

(Astrologie des Schwanes)

Auf der Erde leben wir in der sublunaren Welt. Die Sphäre des Mondes schirmt uns von der übrigen Welt ab, sie wirkt wie ein Filter. Weder die Kraft der Sonne, noch die eines anderen Planeten erreichen uns in unverminderter Stärke und Reinheit, alles aus dem Kosmos erreicht uns mit einer Färbung durch die Mondsphäre. Der

Mond ist die Mutter, die ihre Kinder vor den Gefahren der jenseitigen Welt bewahrt, die aber dadurch auch die wahre Wirklichkeit dieser jenseitigen Welt verschweigt. Die Fürsorge der Mutter ist lebensnotwendig für das Kind, sie kann jedoch leicht hinderlich oder gar tödlich werden, wenn das Kind sie nicht mehr braucht. Psychologisch ist das zur Genüge beschrieben worden, biologisch finden wir dasselbe durch die Umstände und Vorgänge um die Geburt dargestellt. Letzterer Aspekt wurde von Stanislav Grof in seinen Büchern ausgezeichnet beschrieben, wo er den Durchgang des Kindes durch Himmel und Hölle während der perinatalen Phasen zeigt.

Der Mond ist Maja, die sublunare Welt erscheint durch ihren Schleier. Da wir die Wirklichkeit nicht als solche, sondern als Erscheinungswelt erleben, können wir sie auch nicht klar und direkt erkennen und wahrnehmen. Die undeutliche und undefinierbare Art der Wahrnehmung und der Erkenntnis in der Mondwelt nennen wir Gefühl. Darum stellt der Mond im Horoskop die Gefühlswelt des Menschen dar. Der Mond ist ein Schiff auf dem Ozean der Gefühle, launisch hin und her geworfen auf hohen Wellen von Freude und Leid, getrieben von Lust und Qual. Diese Welt ist mitunter sehr schön und lädt zum Verweilen ein. Der neugierige Wandcrer muß jedoch weiter, und so macht er sich auf, die sublunare Welt zu durchqueren.

Am Rande der Mondsphäre ist der Mond selbst. Der Wanderer gelangt wie Sokrates auf den Mond und erblickt am Himmel Sonne und Erde. Auf dem Mond sind wir in der Sphäre der Erde, in der subirdischen Welt. Die Reise durch die Mondsphäre zum Mond führt in die Sphäre der Erde, sie führt in die unterirdische Welt der Mütter. Wir haben den Weg zur Quelle des Lebens gefunden, wir befinden uns bei der Großen Mutter in der ewigen Zeitlosigkeit vor der Geburt. *So konnte Sokrates sagen: »Der Weg hinauf zum Mond führt zurück ins Paradies hinein. Dort jedoch kann man nicht ewig verweilen.«*

Die Mondwelt ist die Welt der Triebe. Ein letzter Trieb ist daraufhin gerichtet, den Menschen aus dieser Welt hinauszutreiben.

Mythologisch wird das als die Vertreibung aus dem Paradies beschrieben, biologisch haben wir den Geburtsvorgang als Entsprechung, psychologisch das Erwachsenwerden. Die Angst vor solchen radikalen Veränderungen ist verständlich, es ist die Geburtsangst vor dem Tod und die Todesangst vor der Geburt, deshalb erhalten wir manchmal vom Schicksal Hilfe, und wir werden getrieben. Oft besteht auch die Angst, daß beim Verlassen der sublunaren Welt die Gefühle verloren gehen könnten, und wer möchte schon gefühllos leben. Diese Angst ist nicht gerechtfertigt. Nicht die Gefühle gehen verloren, sondern das launische Getriebensein zu irgendwelchen Gefühlen. Die Umwandlung der Triebe zur freien Willensfähigkeit ist aber allemal ein großer Gewinn.

Das Durchqueren der Mondsphäre führt zunächst noch tiefer in die Welt der Gefühle, der Launen und der Triebe hinein. Wenn wir die sublunare Welt verlassen wollen, müssen wir sie zuerst in ihrer gewaltigen Tiefe kennenlernen. Wir werden der Großen Mutter begegnen, die uns verschluckt und wiedergebärt, dann erst sind wir für die weitere Reise freigegeben. Jetzt wirkt der Mond im Horoskop nicht mehr so, wie er es vorher tat. Wir sind nicht mehr Spielball unserer Launen und werden nicht mehr zu Taten getrieben, die wir eigentlich gar nicht wollen. Die Kraft, die der Mond im Horoskop darstellt, ist nicht verschwunden, sie ist jedoch frei vom Schicksalszwang geworden und steht zu einem großen Teil für die eigene Schicksalsgestaltung zur Verfügung. Hat die Mondwelt uns freigegeben, erscheint die Sonne in neuem Licht.

Die Sonne funkelte wie ein riesiger Smaragd am Himmel. Die Welt um Sokrates erschien in hellem Grün und in allen möglichen Farben, die sich in eine wunderbare harmonische Einheit verschmolzen. Große Lust empfand Sokrates bei der Betrachtung dieser Farbenpracht. Der Himmel war erfüllt von Musik. Er hörte die Sonne strahlen und die sanften Wolken über sich vorbeiziehen. Aus dem nahen Wald ertönte ein Gesang wie von Engeln gesungen, begleitet vom lustigen Geschrei einer Taubenschar und vom unschuldigen Blöken einiger Schafe. Den Baß steuerte ein schwarzer Hund bei, der fröhlich um die Schafherde tanzte. Dieser Hund war ein Künstler. Nicht jeder Künstler ist ein Hund, doch dieser war einer. Er trieb die Herde abwechselnd in verschiedenen Formationen zusammen: Einmal bildeten die Schafe ein Dreieck, dann ein Quadrat und dann wieder einen Kreis. Als der Hund gerade dabei war, die Schafe, denen diese Vorführung offensichtlich großes Vergnügen bereitete – in Form eines Pentagramms aufzustellen, wurde Sokrates' Aufmerksamkeit abgelenkt.

Ein weißer Stier mit goldenen Hörnern und einem Blumenkranz um den Hals näherte sich, auf seinem Rücken eine schöne Frau in schillerndem Gewand und Blumen im dunklen Haar. »Beim Zeus« – staunte Sokrates, als er feststellte, daß der Atem des Stieres nach Krokus duftete. Doch in welche Wonne der Duft der Frau unseren Griechen versetzte, vermag ich nicht zu schildern. »Wo bin ich hier, edle Dame, doch nicht in den Gärten der Venus?« – fragte Sokrates, nahe daran, seine Sinne zu verlieren. »Du bist auf der Venus, mein Freund« – antwortete die schöne Frau – »und ich bin deine Dienerin, die mit dir Wein trinken möchte.«

Sie goß aus einer Amphora roten Wein in einen Kristallpokal und reichte ihn Sokrates. Der unvergleichliche Geschmack des köstlichen Trankes gab den bis zum Extrem gesteigerten Sinnen des Sokrates den Rest. Jede Zelle seines Körpers erstrahlte in Lust und Wonne, eine vollkommene Glückseligkeit bemächtigte sich seiner und ließ ihn zu Boden sinken. Dort lag er zufrieden wie ein verliebter Pan und starrte gedankenlos in die smaragdene Sonne. Die betörende Frau kam zu ihm und löste seine Kleider. Sie berührte seine Haut und streichelte seinen ganzen Körper. Sokrates hätte seinen eigenen Namen nicht mehr nennen können, denn er hatte ihn längst vergessen. Er schaute nur noch in die Smaragdsonne, dann sah er die wundervollen smaragdenen Augen der schönen Venusfrau über sich. Er hatte eine Grenze überschritten, öffnete sich und verströmte in eine namenlose Ewigkeit. Sokrates verlor das Bewußtsein.

(Astrologie des Schwanes)

Während auf der Erde und auf dem Mond jeweils zwei »Lichter« am Himmel zu finden sind (Mond und Sonne auf der Erde, Erde und Sonne auf dem Mond), wird der Himmel der Venus (und auch der des Merkur) nur von einem »Licht«, der Sonne, beherrscht. Die Sphäre der Venus führt uns in die subsolare Welt.

Die Bewußtseinsreise des Sokrates vom Mond zur Sonne führt ihn vom Schein zum Sein. Hinter dem Schein der stofflichen Realität, wie wir sie in der sublunaren Welt erleben, leuchtet das Sein einer geistigen Wirklichkeit, die durch die Sonne dargestellt wird. Beim Verlassen der Mondsphäre wurde der erste Schleier der Maja gelüftet, und Sokrates sieht sich mit der Welt der Venus konfrontiert.

Warum die Venus und nicht der Merkur, wie dies der chaldäischen Reihe entspräche? Diese Frage beschäftigte auch Sokrates, als er nach dem Mond statt der von ihm erwarteten Merkurwelt die betörende Venusschönheit antraf. Die Antwort fand er schnell: Die chaldäische Reihe ist eine Zeitreihe, die vor allem zeitliche Entwicklungsprozesse symbolisiert. Die Reise von der Erde zur Sonne findet hingegen im Raum des Sonnensystems statt, und die räumliche Folge der Planeten ist hier eben Erde, Mond, Venus, Merkur und Sonne. Diese Vertauschung von Merkur und Venus hat für die astrologische Betrachtung weitreichende Folgen. Um diese zu verstehen, müssen wir uns zunächst über das Wesen der Venus einige Gedanken machen.

Wie jeder Planet, hat auch die Venus unzählige astrologische Bedeutungen. Auf der Ebene einer frei nach Freud ausgerichteten psychologischen Astrologie, stellt sie das »passive Geschlechtsbewußtsein« dar. Das ist eine Bewußtseinsstufe, die in der altersgemäßen Entwicklung mit der Pubertät erscheint, weiterhin wird sie nach der patriarchalen Auffassung mit der weiblichen Sexualität gleichgesetzt. Im Gegensatz zur männlichen Sexualität des Mars, die auf Öffnen und Eindringen beruht – mithin ein aggressives und aktives Geschlechtsbewußtsein darstellt – besteht die Sexualität der Venus aus Geöffnet-Sein, Aufnehmen und Umhüllen. Folgerichtig mußte sich Sokrates, der äußerlich das Aussehen eines phallischen Satyrs hat, auf der Venus einer passiven Einstellung hingeben. Er war offen, wurde verführt und war damit äußerst zufrieden.

Die Sexualität ist lediglich eine extreme Form der Sinnlichkeit. Zu lernen ist, den möglichen Widerspruch zwischen Eros und Sexus aufzulösen, das ist eine der Lektionen der Venussphäre. Darüber hinaus steht die Venus in der astrologischen Symbolik ganz allgemein für die sinnliche Wahrnehmung. Die subsolare Welt der Venus kennt keinen Mond, hier kann also die Auseinandersetzung mit der Sinnlichkeit auf eine gefühls- und damit wertfreie Weise erfolgen. Das ist die zwingende Entwicklung unserer Planetenreise, denn nur nach der Bewältigung der Gefühlswelt wird der objektive Zugang zum Reich der Sinne möglich.

Erde	Sublunare Welt	Realität
Mond	Subirdische Welt	Gefühl
Venus	Subsolare Welt I	Empfindung
Merkur	Subsolare Welt II	Denken
Sonne	Solare Welt	Wirklichkeit

Die astrologische Venus hat also mit Gefühlen überhaupt nichts zu tun. Als Göttin der Liebe herrscht sie über die sinnliche Liebe, nicht aber über die Liebe als Gefühl. Venus symbolisiert die Empfindungen, die durch die Sinnesorgane das Bewußtsein erreichen. Allgemein bedeutet sie alle fünf Sinne, insbesondere jedoch den Geschmackssinn. Wenn dieser gut entwickelt ist, so hat man Geschmack auch im übertragenen Sinne. So wird Venus zur Herrscherin des guten Geschmacks, der Schönheit, der Harmonie, der Ästhetik, des richtigen Maßes und der wohltuenden Proportion. Eine unterentwickelte Venus verführt zur Genußsucht, zur Schlemmerei, zur Völlerei und macht faul und fett. In ihren hohen Aspekten macht sie den Menschen zum Künstler und zum Liebhaber der Schönheit.

Zweifellos ist die Venus die uneingeschränkte Königin im Reich der Sinne. Doch gleichwohl haben auch die anderen Planeten ihre Bedeutung in dieser Welt, sie unterstützen ihre Königin, indem sie ihr Teilbereiche der Sinneswahrnehmung abnehmen. Die fünf Planeten (außer Sonne und Mond) stellen die fünf Sinne des Menschen in folgender Ordnung dar:

Venus	Schmecken	Mund (Zunge)
Merkur	Tasten	Hände (Haut)
Mars	Riechen	Nase
Jupiter	Sehen	Augen
Saturn	Hören	Ohren

Daß die Kultivierung maßvoller Gaumenfreuden zum guten Geschmack führt, haben wir schon gesehen. Ähnlich ist es mit den anderen Sinnesorganen, sie stehen symbolisch für eine umfassende Lebenseinstellung, die wir bei einiger Überlegung leicht herausfinden können. Zur Venus sei noch die Fähigkeit der Aufnahmebereitschaft erwähnt, die durch die Funktion des Mundes zum Ausdruck kommt. Das Ergreifen und Betasten durch die Hände ist gleichbedeutend mit dem Begreifen von Zusammenhängen, das ist Merkur und seine Denkfähigkeit. Der Mensch denkt auch mit seinen Händen, seitdem er sie nicht mehr zum Gehen braucht. Außerdem ist der flinke Merkur der einzige Planet, der mit dem Tastsinn für einen nicht im

Kopfbereich lokalisierten Sinn zuständig ist. Wenn es nötig ist, kann der Mensch sogar mit seinen Zehen begreifen.

Hochnäsige Leute tragen ihren Mars hoch. Sie betonen damit ihre Macht, ihren Stolz und ihre Eigenständigkeit und bekunden, daß sie durch und durch ruchlos vorgehen werden, wenn sie jemanden nicht gut riechen können. In so einem Fall schnauben sie kurz und kräftig, bevor sie so oder so zuschlagen. Die trennende Kraft des Mars macht solche Menschen einsam, die Besinnung auf die verbindende und verbindliche Venus (und auf das Schmecken) kann dem abhelfen. Jupiter ist zuständig für die Augen. Die klare Sicht ist der körperliche Ausdruck für gutes Einsichtsvermögen in geistige Belange. Die Unterscheidung zwischen dem rechten und dem linken Auge folgt aus einer alten astrologischen Überlieferung, die die Sonne dem rechten und den Mond dem linken Auge zuordnet.

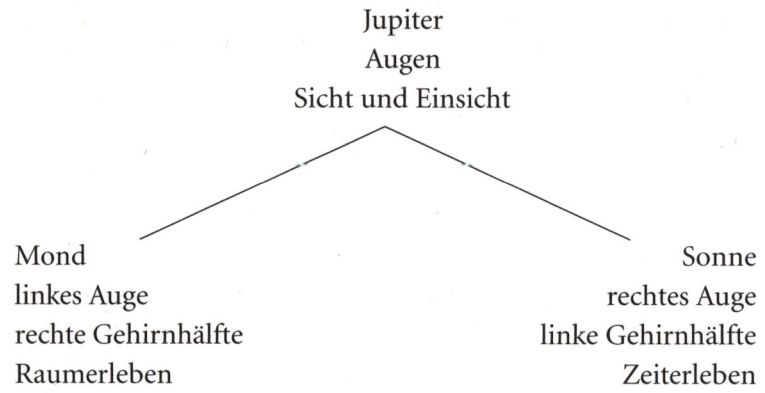

Jupiter
Augen
Sicht und Einsicht

Mond   Sonne
linkes Auge   rechtes Auge
rechte Gehirnhälfte   linke Gehirnhälfte
Raumerleben   Zeiterleben

Verbinden Sie nun das rechte Auge mit der linken Gehirnhälfte und ebenso das linke Auge mit der rechten Gehirnhälfte, und konzentrieren Sie sich auf den Schnittpunkt der beiden Verbindungslinien.

Dort sitzt das dritte Auge (oder das sechste Chakra), das dem Jupiter zugeordnet wird und das höhere Einsichtsvermögen (bis zum Hellsehen) regiert.

Saturn verlangt Gehorsam, wem oder was gegenüber auch immer. Am besten gehorcht man seinem eigenen Gewissen, doch dazu muß man auf dessen innere Stimme hinhorchen und hören, was das Gewissen sagt. Wer nicht hören will, will und kann auch nicht gehorchen, er wird die Folgen spüren müssen. Das Ohr ist weiterhin das Organ der Gleichgewichtsregulierung, die letztlich mit dem Schwerkraftsempfinden zusammenhängt und eine saturnische Funktion ist. Beim Verlust des Gleichgewichtssinnes verliert man den sicheren Standort.

All diese Entsprechungen sind für die praktische astrologische Arbeit äußerst wertvoll. Man kann die astrologische Beschaffenheit der einzelnen Planeten in einem Horoskop studieren und sie mit dem tatsächlichen Sinneserleben des Betreffenden in Verbindung setzen. So kommt man Problemen auf die Spur und findet gleichzeitig Lösungsmöglichkeiten. Es handelt sich um eine astrosomatische Betrachtungsweise, die – ganz ähnlich der Psychosomatik – Symbolwirkungen gleichzeitig auf verschiedenen Ebenen (Körper, Seele, Geist) deutet. Eine unschätzbare Hilfe ist dabei der viel zu wenig beachtete Geist der Sprache. Gute Hinweise haben in dieser Hinsicht Thorwald Dethlefsen und Rüdiger Dahlke in ihrem Buch »Krankheit als Weg« gegeben, wo der interessierte Leser viele Winke zu diesem Thema findet.

Kehren wir nun zur Venus zurück. Ihre Stufe wird in der kindlichen Entwicklung mit der Pubertät um das 14. Lebensjahr erreicht. Zuvor verbringt das Kind die ersten sieben Lebensjahre in der diffusen Gefühlswelt des Mondes und lernt dann in den nächsten sieben Jahren das merkurische Denken, das ihm in der Schule beigebracht wird. Erst in der Pubertät sieht sich der Mensch bewußt der Welt der Sinne gegenübergestellt, der Einbruch der Sexualität lenkt das Bewußtsein auf die sinnlichen Empfindungen. Empfindung und Denken ergeben zusammen die Wahrnehmung, die wiederum die Gefühlswelt in Mitleidenschaft zieht. Die drei Planeten Mond, Merkur und Venus arbeiten zusammen, und der Mensch ist jetzt bereit, erwachsen zu werden. Dies erfolgt dann im Sonnenstadium irgendwann zwischen 21 und 42 oder auch nie. Diese Entwicklung bedeutet aber auch, daß wir gar nicht in der Lage sind, ohne Denken wahrzunehmen, denn zuerst haben wir denken gelernt und dann erst wurden uns die Empfindungen bewußt. Diese Reihenfolge (symbolisiert durch die chaldäische Reihe) fördert die Ich-Entwicklung (Sonne), die linke Gehirnhälfte, das Erleben der Welt in einer logischen zeitlichen Abfolge und gilt für die heutige Menschheit als normal.

Will man jedoch Zeichendeuter, Wahrheitssucher, Gralsfinder oder Wanderer werden, so muß man schon ein bißchen verrückt sein und die Welt einmal andersherum anschauen. Wie Sokrates, muß man die denkfreie Wahrnehmung lernen, anders gesagt, in der Folge der Planeten Merkur und Venus umtauschen. Das geht nur, wenn man zuerst das Denken verlernt. Erst nach Einüben einer denkfreien Wahrnehmung darf erneut gedacht werden.

Sie können sich von der verhängnisvollen Wirkung des Denkens bei der Wahrnehmung leicht überzeugen. Nehmen Sie ein Bilderbuch, dessen Bilder im beistehenden Text erklärt bzw. interpretiert werden. Verdecken Sie den Text und schauen Sie nur die Bilder an. Lesen Sie dann die Texte und betrachten Sie die entsprechenden Bilder noch einmal. Sie werden feststellen, daß Sie nach der Lektüre ganz andere Bedeutungen in den Bildern sehen, als dies bei der ersten Betrachtung der Fall war. Durch das Lesen der Texte hat der Schelm Merkur dazwischengefunkt und Ihre unvoreingenommene Wahrnehmung gestört. Lesen Sie also nach der Lektüre dieses Buches eine

Zeitlang keine Bücher mehr, betrachten Sie nur noch Bilderbücher ohne Text oder einfach die Welt. Falls Sie überwiegend astrologische Bücher lesen, ist das vorliegende Buch ohnehin ganz besonders geeignet, Ihr vorerst letztes astrologisches Buch zu sein.

Auf solche Weise vorzugehen, fördert die rechte Gehirnhälfte und ermöglicht Bewußtseinsreisen durch das Sonnensystem, wo wir – wie Sokrates – die Planeten in der den räumlichen Verhältnissen entsprechenden Reihenfolge: Mond, Venus, Merkur etc. antreffen. Da heutzutage die linke Gehirnhälfte ohnehin einseitig kultiviert wird, schaffen wir hierdurch einen erfreulichen Ausgleich und machen einen großen Schritt in Richtung Ganzwerdung. Was die Astrologie betrifft, verlassen wir die kleinkarierte Rechnerei, die mit Sicherheit das wahre Wesen der Astrologie verdeckt, dafür erhalten wir die Chance, die Astrologie als Kunst zu begreifen.

Sokrates erwachte auf dem Merkur. Zwei Gestalten mit gelben Masken und gelben Gewändern standen bei ihm und betrachteten ihn neugierig. Sobald sich Sokrates' Augen an das helle Sonnenlicht gewöhnt hatten, sah er eine klare und kahle Mondlandschaft um sich herum. Seltsame Gebäude aus Glas lagerten zwischen den gelben Hügeln.

»Willkommen auf dem Mond der Sonne« – sprachen die zwei – »Wir begrüßen dich in unserem Land Amerikur, dem Land des reinen Wissens. Solltest du Fragen haben, so frage nur, hier kannst du alles erfahren.« Sokrates kam diese Aufforderung sehr gelegen, denn seine abenteuerliche Reise durch die Planetensphären fing an, ihn zu verwirren. So sprach er:

»Ich danke euch. Weit komme ich her – aus Athen – und habe vieles erlebt. Doch, ich verstehe nichts und staune nur noch. Ich wäre euch sehr dankbar, würdet ihr mir meine Reise erklären.« »Du bist auf dem Weg zur Sonne, und dieser Weg führt dich zum

Mittelpunkt der Erde. Leicht wirst du alles verstehen, wenn du die
Welt nicht mehr aus der Sicht der Erde, sondern mit unseren
Augen siehst.«

Die zwei Amerikuraner reichten Sokrates eine gelbe Brille. Er
setzte sie auf und begriff.

(Astrologie des Schwanes)

Merkur ist ein Schelm, doch Johannes nicht minder. Wir müssen versuchen, diese rätselhafte Stelle aus »Astrologie des Schwanes« nun ohne die Hilfe der merkurischen Brille zu enträtseln.

Kepler nannte den Merkur »Mond der Sonne«. Die moderne Raumfahrt liefert eine interessante Bestätigung seiner Auffassung: Fotos von Raumsonden zeigen, daß die pockennarbige, mit Kratern übersäte Oberfläche des Merkur dem Erdenmond verblüffend ähnlich sieht. Folgen wir Keplers Auffassung, so erhalten wir für die Astrologie wertvolle Gesichtspunkte. So wie der Mond das Wesen der Erde sowohl widerspiegelt als auch verschleiert, genauso tut es der Merkur mit dem Wesen der Sonne. Das Denken (Merkur) ist nur ein Abbild des Geistes (Sonne), gleichwohl aber die einzige Möglichkeit, den Geist zu erkennen. Merkur ist der Bote der Sonne, durch ihn können wir etwas, ohne ihn würden wir gar nichts verstehen.

Die Astrologie befaßt sich mit dem Leben des Menschen auf der Erde. Darum ist sie eine geozentrisch ausgerichtete Lehre, wie dies in der chaldäischen Reihe zum Ausdruck kommt. Sie ist nicht in der Lage, die Erde in ihre Betrachtungen einzubeziehen, denn solange der Astrologe auf der Erdoberfläche bleibt, ist die Erde Subjekt. Erst die Bewußtseinsreise des Sokrates ermöglicht eine objektive Sicht der Erde, dann aber gilt eine nach den räumlichen Gesetzen des Sonnensystems ausgerichtete »objektive Astrologie«.

Erdensicht (Zeit)	Sonnensicht (Raum)
7. Saturn	Saturn
6. Jupiter	Jupiter
5. Mars	Mars
4. Sonne	Erde
3. Venus	Venus
2. Merkur	Merkur
1 . Mond	Sonne

Die Reise führte Sokrates von der Erde zum Mond. Hier erlebte er, daß die Erde unsere Mutter ist. Während das merkurische Bewußtsein das Sein erkennt: »Ich denke (Merkur), also bin ich (Sonne)«, läßt das Mondbewußtsein das Erdendasein erfühlen: »Ich fühle (Mond), daß ich hier bin (auf der Erde)«.

Der Mond entließ Sokrates, und er kam nach der objektiven Ordnung des Sonnensystems auf die Venus. Hier erfuhr er die überwältigende Macht der Sinne. Ohne die merkurische Kontrolle des Denkens empfindet der Mensch die Welt in ihrer uneingeschränkten sinnlichen Gewalt. Wird es zuviel, fällt er in Ohnmacht (= ohne Macht und Sinne).

Die ekstatische Kraft der Welt der Sinne kann nun Sokrates auf dem Merkur verstehen. Er sieht die Ordnung des Sonnensystems und darin den Platz der Erde. In solcher Astrologie hat der Erdenmond ebensowenig Bedeutung wie etwa die Monde des Mars. Nur die Erde zählt, und sie nimmt im Gesamtsystem den vierten, mittleren Platz ein. Die Erde ist das Vierte Zwischenreich.

Die Erde ist keineswegs irgendein beliebiger, vielmehr ein ganz besonderer Planet. Sie hat die Aufgabe, die zentrale Geisteskraft der Sonne in die vierte Sphäre des Sonnensystems zu tragen und dort zu verwirklichen. Sowohl die geozentrische als auch die sonnenbezogene

Der Pfau

84

Planetenreihe haben ihre Gültigkeit. Ihr formaler Vergleich läßt die Aufgabe der Erde mit einem Satz so ausdrücken: Sonne und Erde sind eins. Das ist nichts anderes als das Wort von Jesus Christus: »Ich und der Vater sind eins«. Die in der Mondschale ruhende Sonne ist ein Sinnbild für den Gral. Dies ist gleichzeitig ein Bild für die Vergeistigung der Erde: Zu erkennen, daß die Erde nicht nur Stoff, sondern auch ein vom Sonnengeist beseeltes Wesen ist.

Diese Stufe der Erkenntnis entspricht dem weiter vorne beschriebenen alchimistischen Stadium des Pfaus. Die Zeichnung »Der Pfau« zeigt dasselbe mit Hilfe der astrologischen Symbolik. Dort fehlt der Sonnensicht entsprechend der Mond, dafür finden wir die Erde zwischen Venus und Mars, an ihrem Platz im Sonnensystem. Der kleine schwarze Kreis in der Mitte stellt die Sonne dar, umhüllt durch die zwei weißen Kreise von Merkur und Venus. Der vierte (schwarze) Kreis ist die Erdenbahn, gefolgt von den Sphären des Mars, Jupiter und Saturn. Betrachten wir das Bild mit dem Bewußtsein, daß Sonne und Erde eins sind, so schaut uns ein astrologisches Symbol des Grals entgegen. Die Sonne ruht in der Mondschale.

Wie aber sieht es aus mit der seltsamen Verkündigung der zwei Amerikuraner auf dem Merkur, wonach der Weg zur Sonne zum Mittelpunkt der Erde führt? Die Brille des Merkur ist die Einsicht, daß Sonne und Erde eins sind. Die Sonne ist nicht nur am Himmel, sie ist auch mitten in der Erde.

Wie kann man gleichzeitig nach außen und nach innen gehen? Obwohl Sokrates die Erde nach oben zum Mond verließ, näherte er sich der Sonne, dem Zentrum des Systems, er ging also zugleich nach innen. Geht man aber von der Erdoberfläche nach innen, gelangt man unweigerlich ins Innere der Erde. Das ist paradox und schwer zu verstehen. Die Erklärung liegt darin, daß verschiedene Systeme (geozentrisch und heliozentrisch) gleichzeitig Gültigkeit haben. Doch gerade dieses Paradoxon ermöglicht, die strukturelle Gleichheit von Erde und Sonnensystem zu verstehen.

Wir alle leben auf der Erdoberfläche, und die meisten von uns stehen mit beiden Beinen fest auf diesem Boden, doch ist die Oberfläche der Erde keineswegs so fest, wie sie auf den ersten Blick zu sein scheint. Betrachtet man die Erde als Kugel, so wird die feste Erdkruste zur hauchdünnen Schicht. Darunter befindet sich der Erdenstoff in flüssiger Form als Magma, das durch die Vulkanausbrüche immer wieder nach oben gelangen kann. Noch tiefer nimmt die Temperatur ständig zu, und der Stoff geht in einen gasförmigen Zustand über. In Ermangelung einer besseren Bezeichnung bezeichnet die Wissenschaft diesen Bereich der Erde als Zwischenschicht. Im Erdkern schließlich wird es so heiß, daß die Materie den Zustand der gewöhnlichen Aggregatzustände verlassen muß. Hier geht der Erdenstoff in Sternenstoff über (wissenschaftlich Plasma), in ihrem Zentrum ist die Erde ein Stern, sie ist eine Sonne.

Erdrinde	Erde	Erde
Erdmantel (Magma)	Wasser	Venus
Zwischenschicht	Luft	Merkur
Erdkern (Plasma)	Feuer	Sonne

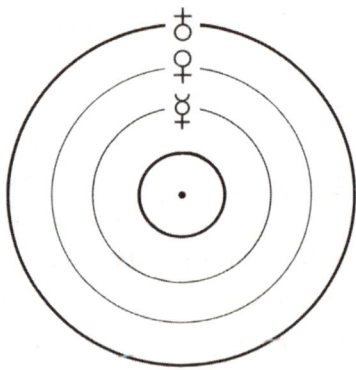

Erde und Sonne sind eins

Die vier Elemente Erde, Wasser, Luft und Feuer sind im Sinne der Alchimie zu verstehen. Zur Mitte hin nimmt der Erdenstoff stets feinere Form an, bis er schließlich als Sternenstoff einen nach materiellen Gesetzen nicht mehr faßbaren Zustand erreicht. Diese Wandlung ist nichts anderes als ein Vergeistigungsprozeß. Die feste Erdschale ist im Verhältnis kaum dicker als die Schale eines Apfels. Sie ist mit der Haut des Menschen oder mit der Rinde eines Baumes vergleichbar. Diese dünne feste Schicht schwimmt auf einem riesigen Meer von flüssiger Feuer-Erde, dem Magma. Bereits kleine Wellen dieses unterirdischen Ozeans verursachen auf der Erdoberfläche Erdbeben und Vulkanausbrüche, größere Bewegungen verschieben Kontinente oder werfen sie gegeneinander.

Keineswegs stehen wir auf solch festem Boden, wie es uns scheint. Doch damit ist es noch nicht genug. Das Magmameer schwebt um einen Luftraum, es fliegt über der gasförmigen Zwischenschicht. Und am Ende, im Erdkern, haben wir nur noch Feuer. Wie die Sonne am Himmel, brennt dort die Welt.

Gedanken dieser Art helfen uns, allzu festgefahrene Wunschvorstellungen von unserer Erde aufzulockern. Zwar ist es verständlich, daß menschliches Sicherheitsstreben sich eine feste Erde wünscht, am besten mit einem »Eisen-Nickel-Kern«, denn das klingt stabil, doch dem ist nicht so. Während wir hier stehen, schwimmt, schwebt, fliegt und brennt es um uns herum.

Die so beschriebene Struktur der Erde gilt nun ebenso für die Sphäre der Erde. Diese erstreckt sich von der Sonne bis zur Erdenbahn. Im Zentrum des Sonnensystems befindet sich die feurige Sonne. Sie wird durch die luftige Merkursphäre umfaßt, die wiederum von der Sphäre der Venus umhüllt wird, dem Element Wasser entsprechend. Mit der Erde erreichen wir die vierte Schicht, hier hat sich der Sternenstoff zum Erdenstoff verdichtet, der Geist erscheint durch den Stoff, das Sein wird zum Dasein.

Die durch die sieben Planeten beschriebene Struktur ist allgemeingültig, wir finden sie auf allen Ebenen der Betrachtung. Wir kommen zu einer umfassenden Sicht der Welt, wenn wir diese Struktur gleichzeitig beim Menschen, bei der Erde und beim Sonnensystem anwenden. Alle drei: Mensch, Erde und Sonnensystem, sind Lebewesen, sie sind nur verschieden groß. Die sieben Sphären kommen beim Menschen durch seine sieben Körperzentren (Chakras) zum Ausdruck, bei der Erde durch sieben Erdenschichten und beim Sonnensystem durch die sieben Planetenbahnen.

Mensch	Erde	Sonnensystem
7. Chakra	Feuer	Saturn
6. Chakra	Luft	Jupiter
5. Chakra	Wasser	Mars
4. Chakra	Erde	Sonne = Erde
3. Chakra	Wasser	Venus
2. Chakra	Luft	Merkur
1. Chakra	Feuer	Mond = Sonne

Das Basischakra ist ein feuriger Ort. Es hat die Aufgabe, den Menschen mit der feurigen Erdmitte zu verbinden, wo wiederum die zentrale Sonnenkraft herrscht. Hier erlebt der Mensch seine ursprüngliche Einheit mit dem Urfeuer. Beim zweiten Chakra geht die Ureinheit (Paradies) verloren, durch den Sündenfall lernt der Mensch zu unterscheiden. Das Geschlechtschakra ist die Wurzel der Erkenntnis, der Preis für die Denkfähigkeit ist Zweifel und Verzweiflung (Vertreibung aus dem Paradies). Das Nabelchakra ist die Küche des Organismus, gleichwie beim Menschen, in der Erde und im Sonnensystem. Reden wir von Bewußtseinsstufen, so haben wir hier ein kollektives Bewußtsein, wie es etwa bei Tieren der Fall ist. All diese Zusammenhänge sind äußerst vielfältig, sie wurden bereits in »Astrologie der Wandlung« mit einiger Ausführlichkeit behandelt. Hier soll nur noch in der nachfolgenden Tabelle auf wesentliche Entsprechungen hingewiesen werden. Dabei muß beachtet werden, daß die Planetenreihe auch in der umgekehrten Zuordnung ihre symbolische Bedeutung behält: Die sieben Prinzipien sind symmetrisch aufgebaut.

Saturn					Sonne
Jupiter					Merkur
Mars	überbewußt			Engel	Venus
Sonne	Ich-bewußt	wach	denkt	Mensch	Erde
Venus	koll. Bewußt	Traum	fühlt	Tier	Mars
Merkur	unterbewußt	Schlaf	lebt	Pflanze	Jupiter
Mond	unbewußt	Tod	ist	Stein	Saturn

Die drei Lebewesen Mensch, Erde und Sonnensystem sind nach denselben sieben planetarischen Prinzipien organisiert. Wir müssen versuchen, diese drei Wesenheiten gleichzeitig zu sehen, sozusagen übereinander projiziert, nur so können wir hoffen, sie in ihrem organischen Zusammenhang zu begreifen.

Betrachten wir zum Beispiel das vierte Prinzip. Wir sehen einen kosmischen Menschen, der gleichzeitig das Sonnensystem und die Erde darstellt. Sein Herzchakra strahlt im goldenen Sonnenlicht, so, wie wir die Sonne am Himmel sehen. Hier ist sein Zentrum, der Sitz seiner Seele; alle anderen Chakras sind paarweise um das Herzzentrum angeordnet. Das Herz ist der Ort, wo der Mensch das Bewußtsein seiner Individualität erlangt. Sucht er dieses im Kopf, so ist er größenwahnsinnig, findet er es etwa im Bauch, so ist er erst ein Kollektivwesen. Das Herzchakra deutet auf unsere ureigene menschliche Aufgabe, es zu erreichen bedeutet, die menschliche Stufe in der Evolution zu meistern. Von je her war dies das Ziel jeder Religion der Liebe. Noch sind wir als Menschheit nicht so weit, allzu viel geistert in unseren Köpfen herum, allzu stark toben die Gewalten im Unterleib.

Im Sonnensystem finden wir am vierten Ort unseren Planeten Erde. Die Erde könnte das Herz des Sonnensystems werden, wenn wir sie bei dieser Aufgabe nur nicht so viel stören würden. Es kann nicht genug betont werden: »Umweltschutz ist Mutterschutz«.

Die Erdenbahn entspricht der Oberfläche der Erde, unser kosmischer Mensch befindet sich mit seinem Unterleib im Innern der Erde. Das zentrale Sonnenfeuer im Erdkern wandelt sich nach oben hin, bis es als feste Erde die Ebene des Herzens erreicht. Das Zwerchfell veranschaulicht gut die Funktion der Erdoberfläche: Erde und Mensch atmen oberhalb und verdauen unterhalb dieser Trennwand zwischen innen und außen. Wenn das Herz die von unten heraufkommenden wilden Emotionen nicht meistern kann, kommen diese als verheerende Vulkanausbrüche zum Vorschein. Was mich heiß macht, ist feuer-flüssiges Magma.

Sokrates sah, wie die Sonne den Horizont berührte und langsam nach oben stieg. Eine bunte Pfauenfeder flatterte lustig durch die Luft und verfing sich in seinen schon etwas spärlichen Haaren. »Jetzt bin ich ein Indianer« – sprach Sokrates.

(Astrologie des Schwanes)

Die Erde ist ein weibliches Lebewesen, die alten Griechen nannten sie Gaia. Sie lebt und atmet, ihr Zwerchfell ist die Erdoberfläche. Wie unsere, atmen auch ihre Lungen die Luft aus der Atmosphäre, und zur Zeit muß sie, genauso wie wir, eine Menge Gift und Dreck einatmen.

Wir müssen die gleichzeitige Zusammenschau von Mensch, Erde und Sonnensystem lernen. Zwischen diesen drei Ebenen bestehen grundsätzliche Entsprechungen, die alle im durch die Planetenordnung beschreibbaren Gesetz der Sieben wurzeln. Im Menschen erscheint die Sieben als Anzahl der Kraftzentren, in der Erde als ihre Schichten und Hüllen und im Sonnensystem als Planetensphären.

Mensch	Erde	Sonnensystem
7. Scheitelchakra	Exosphäre	Saturn
6. Stirnchakra	Ionosphäre	Jupiter
5. Halschakra	Atmosphäre	Mars
4. Herzchakra	Erdkruste	Erde
3. Nabelchakra	Erdmantel (Magma)	Venus
2. Sexualchakra	Zwischenschicht	Merkur
1. Basischakra	Erdkern (Plasma)	Sonne

Sokrates kam aus dem Innern der Erde durch das Zwerchfell auf die Erdoberfläche. In der Atmosphäre der Erde konnte er nun frei atmen, und seine Lungen dehnten sich kräftig aus. Die Nase ist ein phallisches, dem Mars entsprechendes Organ. (Zur Betrachtung des menschlichen Gesichts werden wir noch kommen.) Durch Nase und Hals gelangt die Luft in die Lungen, von wo sie durch das Blut den gesamten Körper erreicht. Insbesondere aber verbindet der Atem das Nabelchakra und das Halschakra, die zwei Venus und Mars entsprechenden Zentren des Menschen. Atemstörungen sind aus psychosomatischer Sicht stets Störungen der Libido in Hinblick auf Geschlechtsproblematik. Unterhalb des Zwerchfells ist der Mensch noch kein Individuum, mit seinem Nabel ist er noch bei der Mutter. So ist die asiatische Überbetonung der Bauchatmung eine Hinwendung zur Mutter Erde. Die einseitige europäische Brustatmung hingegen (Bauch 'rein, Brust 'raus) ist der Versuch des Sohnes, von der Mutter frei zu werden.

Die Aufgabe der oberen Chakras (Hals, Stirn und Scheitel) ist es, das kollektive Anliegen der unteren Zentren (Nabel, Sex und Basis) auf bewußte und individuelle Weise ans Tageslicht zu fördern. Das geht aber niemals durch einseitige Betonung der oberen oder der unteren Werte (bewußt-unbewußt, individuell-kollektiv usw.), sondern nur durch den harmonischen Ausgleich und die organische

Gaia

Verbindung beider Pole. Das Einatmen ist passiv und soll bis zum Bauchbereich nach unten reichen. Bleibt das Einatmen auf die Lunge beschränkt, kann der Mensch niemals seine Verbundenheit mit der Erde erleben. Das aktive Ausatmen muß die Lunge bis in die Spitzen hinauf entleeren und das im Bauch gewonnene Urvertrauen durch Hals und Nase zum Vorschein bringen. Richtiges Atmen wird durch die Sprache sichtbar. Der flache Atem führt zum intellektuellen Gerede und zur Konversation: Das gesprochene Wort fliegt leicht dahin und hat keinerlei Bezug zum wirklichen Leben. Lebendige Sprache wird nur durch den tiefen Atem möglich: Jedes Wort wird zum Juwel, und das Gesprochene wird zum schöpferischen Wort, wie dies »im Anfang war«.

Als Menschheit befinden wir uns zwischen den festen Brüsten der Gaia. Unsere Aufgabe ist es, das Bewußtsein voll und ganz auf die Ebene des Herzens zu heben. Erst dann werden wir den Namen Mensch verdient und unsere Aufgabe in der Evolution erfüllt haben. Sokrates hat dieses Stadium als das Vierte Zwischenreich beschrieben, es ist auch das Geheimnis der christlichen Herzmystik. So kann man sagen, daß der Stand unseres heutigen Bewußtseins dem Zwerchfell entspricht, und nur eine künftige Menschheit wird vielleicht das Halszentrum und damit das schöpferische Wort auf kollektiver Ebene beherrschen. Die heutige Neigung, den Kopf als Sitz des Bewußtseins anzusehen, halte ich für Größenwahn und eine einseitige Übertreibung.

So wie das Halschakra ein künftiges und das Nabelchakra ein vergangenes Bewußtsein für den heutigen Menschen symbolisieren, stellen Mars und Venus im Sonnensystem ein künftiges und ein vergangenes Stadium der zwischen ihnen liegenden (oder fliegenden) Erde dar. Die Erde war schon sozusagen Venus und wird in ferner Zukunft zu Mars werden. Interessant in dieser Hinsicht ist die Verteilung der Monde bei diesen drei Planeten. Venus hat (noch) keinen Mond, für ihre derzeitige Entwicklung benötigt sie auch keinen. Auf der anderen

Seite der Erde mit ihrem Erdenmond hat der Mars dagegen zwei Monde. Setzen wir der astrologischen Symbolik entsprechend »Seele« für den Mond, so verkörpert der Mars einen Bewußtseinszustand mit »zwei Seelen in meiner Brust«. Die Zwei symbolisiert stets das Stadium der Erkenntnis und der Bewußtwerdung. Beim Mars haben wir also die Aufgabe, die Bewußtheit der Gefühlswelt zu entwickeln. Dies entspricht der Fähigkeit der »Engel«: bewußt zu fühlen oder auch bewußt zu träumen. Wir Menschen neigen eher dazu, träumend zu denken, als Engel werden wir erkennen, daß wir überbewußte Tiere sind.

Auf jeden Fall entspricht die Erde mit dem einzigen Mond unserem jetzigen Entwicklungsstand. Die Sphäre des Mondes umhüllt die Erde, schützt sie und vermittelt zwischen ihr und den anderen Kräften des Sonnensystems. Das Leben auf der Oberfläche der Erde spielt sich in der äußerst dünnen Schicht der Biosphäre ab. Diese ist eingebettet zwischen der Troposphäre (der unteren Schicht der Atmosphäre) und der Hydrosphäre. Troposphäre und Hydrosphäre sorgen für einen ständigen Kreislauf des Wassers nach oben und nach unten, sie befeuchten die trockene Erde und ermöglichen so das Leben. Aufgabe und Funktion von Tropo- und Hydrosphäre entsprechen in ihrer schützenden und umhüllenden Bedeutung der Funktion des Mondes für die Erde.

☾	Troposphäre	Wasser	Mond
	Biosphäre	Erde	Erde	☽
	Hydrosphäre	Wasser	Mond

Diese Schichten der Erde bilden eine dünne Hülle von je 10 Kilometern nach oben und nach unten vom Meeresspiegel. 70 Kilometer dick ist die gesamte Atmosphäre, die als marsische Hülle die Erde umfaßt. Daß die Erde ein weibliches Lebewesen ist, erkennt man schon daran, daß ihr magnetischer Körper mit negativer Elektrizität geladen ist.

Die Atmosphäre hingegen ist elektrisch positiv geladen, so daß zwischen Atmosphäre und Erdoberfläche eine nach unten gerichtete elektrische Spannung vorhanden ist. Venus zieht Mars an, dieser drängt nach Entladung, die zum Beispiel als Blitz erfolgt. In der Atmosphäre befinden wir uns im Hals der Gaia. Wenn der Wind weht, so singt sie, rollt der Donner, hat Gaia Wesentliches zu sagen. Die Schicht der Erdatmosphäre ist der Bereich des Tones. In 70 Kilometer Höhe befindet sich eine Schallmauer: Die Schallwellen werden hier nach unten reflektiert, jeder Ton wird wieder gegen die Erde gerichtet. Ebenso wie die alchimistischen Elemente sich mit den verschiedenen Schichten nach oben verflüchtigen und verfeinern, nehmen die von außen einstrahlenden kosmischen Energien immer gröbere und festere Formen an.

Saturn	Exosphäre	Feuer	Wärme
Jupiter	Ionosphäre	Luft	Licht
Mars	Atmosphäre	Wasser	Ton
Erde	Biosphäre	Erde	Stoff

Die reine kosmische Energie (Geist, Äther oder eine entsprechende wissenschaftliche Bezeichnung) erreicht im Bereich der Atmosphäre das schon ziemlich verdichtete Stadium des alchimistischen Wassers als Ton. Gaia spricht, und wir können sie hören. Auf der noch tieferen Ebene der Erdoberfläche verdichtet sich die Energie zum Stoff, und wir können Gaia anfassen.

Als seelischer Hintergrund steht bei Halsbeschwerden und Sprachstörungen oft die Angst. Die Angst führt zu Ohnmacht, und daraus entstehen dann Gewalt und Aggression. Dieser ganze Komplex um das richtige Verhältnis zur Macht hängt mit dem harmonischen Ausgleich zwischen Mars und Venus, zwischen dem Hals- und dem Nabelzentrum zusammen. Wenn der Lebensstrom (und der Atem) nicht ungehindert und frei zwischen diesen Chakras fließen kann, ist das Gleichgewicht gestört, und das Herz des Menschen erstarrt zum Eis. Ohnmächtige Wut kann im Bauch sich stauen, die sich im Hals durch eine aggressive Sprache Ausgleich schafft. Einen Schritt weiter wird das aggressive Wort in die gewaltsame Tat umgesetzt. Steigende Gewalt ist immer ein Zeichen für starke Ohnmacht, wahre Macht wohnt im Herzen, sie ist stark wie der Löwe und zahm wie ein Lamm.

Mit der sechsten Sphäre erreichen wir Jupiter. Von seiner stofflichen Beschaffenheit her (Wasserstoff und Helium) ist Jupiter eigentlich kein Planet, sondern ein kleiner Stern. Mit seinen zahlreichen Monden bildet er als kleine Sonne ein eigenes Sonnensystem innerhalb des Sonnensystems. Im Gegensatz zur wissenschaftlichen Auffassung, derzufolge Jupiter sich immer mehr abkühlt und so zum festen Planeten wird, behauptet die Esoterik, daß er ein werdender Stern sei. Wird ein bestimmter Grad seiner ständigen Erwärmung erreicht, so erstrahlt Jupiter als neuer Stern. Wir werden dann zwei Sonnen am Himmel haben, vorausgesetzt, wir können sie noch sehen.

Ionosphäre		
}	Jupiter	Licht
Mesosphäre		
Stratosphäre		
}	Mars	Ton
Troposphäre		

Bei der Betrachtung der Schichten und Sphären der Erde schließt sich oberhalb der Atmosphäre die Mesosphäre an. Hier ist ein Wechsel der marsischen Tonwelt in die verfeinerte Lichtwelt des Jupiter. Die Mesosphäre ist die Lichtsphäre der Erde. Nachthimmelslicht und Polarlicht sind hier beheimatet, sie bilden das Eigenlicht der Erde und leuchten unabhängig vom Sternenlicht. Die von außen eindringenden kosmischen Strahlen werden in der Mesosphäre so weit verdichtet, daß sie als Licht erscheinen. Bewundern wir die betörende Vielfalt der Polarlichter, so blicken wir in die farbigen Augen der Gaia, und sie schaut uns an.

Nach oben hin verfeinert sich der Stoff weiter, und das Licht geht in (unsichtbare) Wärme über. Bereits für die Ionosphäre errechnet die Wissenschaft Temperaturen bis zu 2000 Grad. Freilich ist diese Wärme nicht im herkömmlichen Sinn zu verstehen, denn da oben gibt es keine irdische Luft. Der Stoff ist hier in Form von Atomkernen und Elektronen vorhanden. Wir befinden uns im Kopf der Gaia, und ihr Geist entzieht sich der gewohnten physikalischen Messung.

Jupiter ist der Planet des Kopfes. Das sechste Chakra ist das dritte Auge des Menschen, hier kann man die Sichtweise eines höheren Standpunktes erlangen. Was dies im kleinen bedeutet, können Sie selbst leicht nachvollziehen. Betrachten Sie von Ihrem Standort aus aufmerksam die nähere Umgebung. Steigen Sie sodann auf einen Stuhl, und betrachten Sie dieselbe Umgebung erneut. Sie werden feststellen, daß von der höheren Warte aus angeschaut, alles ein ganz wenig anders erscheint.

Wollen Sie dieses kleine Experiment etwas weitertreiben, so besteigen Sie einen Turm in der Stadt und betrachten Sie von oben das emsige Treiben der Menschen unten auf dem Marktplatz. Vielleicht wird Ihnen einiges von den Aktivitäten dort unten überflüssig oder gar sinnlos erscheinen, auf jeden Fall haben Sie jetzt einen Standpunkt eingenommen, der Ihnen einen größeren Überblick verschafft und dadurch vieles von der gewöhnlichen Realität relativiert.

Genauso, nur in einem viel größeren Maße, verhält es sich mit dem dritten Auge. Die jupiterische Sicht erweitert den Horizont der gewöhnlichen Realität, sie führt zur Einsicht und dadurch zum Sinn. Einsicht bedeutet aber auch die eine Sicht. Unsere zwei Augen vermitteln zwei verschiedene Aspekte der wahrgenommenen Welt (dies ist durch ein einfaches Experiment ebenfalls leicht nachzuvollziehen), entsprechend oft befinden wir uns in scheinbar unlösbaren Situationen zwischen zwei Gegensätzen. Nur die Erhöhung der ver-zwei-felten Sicht zur Einsicht kann zur Synthese und damit zum Ausweg verhelfen. Die gefundene Lösung ist meistens sehr einfach.

Diese Zusammenhänge machen verständlich, weshalb das dritte Auge als das Organ der Hellsichtigkeit angesehen wird. Gelingt es jemandem, das sechste Chakra zu aktivieren, so fallen für ihn alle zeitlichen, räumlichen und kausalen Gegensätze zur synthetischen Einheit zusammen, und er kann hellsehen. Dies ist eine Eigenschaft, die die »Erzengel in uns« beherrschen, und nicht diejenigen, die sich in Zeitungsanzeigen als Hellseher anpreisen.

Stirn-/Sexchakra	Jupiter/Merkur	Pflanze/Erzengel
Hals-/Nabelchakra	Mars/Venus	Tier/Engel
Herzchakra	Erde/Sonne	Mensch

Wir haben bereits gesehen, daß Hals- und Nabelchakra symmetrisch zusammenhängen. So wie die Erde im Weltraum zwischen Mars und Venus, ist der Mensch zwischen seinem inneren Tier und dem Engel in ihm eingespannt. Die Aufgabe ist, Tier und Engel, das Biest und die Schöne oder auch King-Kong und die Weiße Frau in Liebe und Bewußtsein zu vereinen. Im gleichnamigen Film muß King-Kong am Ende sterben, das Tier wird verdrängt, und wir sind noch lange keine Engel.

Ebenso stehen Stirn- und Sexualchakra in Verbindung. Das bewußte Sehen mit dem dritten Auge setzt die Beherrschung der Pflanze in uns voraus, das ist die Sexualität. Solange der Mensch seinen Sexualtrieben ausgeliefert ist und also von diesen ohne die Möglichkeit einer Kanalisation wehrlos getrieben wird, kann er niemals die Fähigkeit des Hellsehens erreichen. Bewußte Sexualität ist ein Weg zur Aktivierung des dritten Auges. Natürlich kennt fast jeder das

Phänomen sporadischen Hellsehens. Doch das ständige Bewußtsein auf der Ebene des sechsten Chakras ist eindeutig übermenschlich. Ein Mensch mit solchem Bewußtsein braucht zum Beispiel nicht mehr zwischen Wachen und Schlafen zu unterscheiden, selbst im traumlosen Tiefschlaf würde er sein Bewußtsein nicht verlieren. Das einzige, das seinem Bewußtsein noch etwas anhaben könnte, ist der Tod.

Vielleicht trägt Jupiter, als Herrscher des gegenwärtig zu Ende gehenden Fische-Zeitalters, die Schuld daran, daß wir heutzutage den Kopf als den Sitz des Ich-Bewußtseins betrachten. Das ist absoluter Größenwahn. Es ist zwar richtig, daß der Kopf Sitz von für uns unvorstellbaren Bewußtseinsstufen sein kann, nur sind wir heute noch unendlich weit davon entfernt, solches Bewußtsein für unser Ich zu beanspruchen. Die bisher angeführten Beispiele dürften es klar gezeigt haben, daß unser nächstes Ziel die bescheidene Hinwendung zum Herzen sein muß.

Man kann den menschlichen Körper als dreifach gegliedert betrachten. Kopf, Oberkörper und Unterleib bilden die drei Regionen, wobei der Hals und die »Gürtellinie« (5. und 3. Chakra) den jeweiligen Übergang bilden. Der Einfachheit halber kann man auch sagen, daß in diesen drei Bereichen Geist, Seele und Leib des Menschen zum Vorschein kommen. Wie Jupiter mit seinen Monden im Sonnensystem ein eigenes System bildet, ebenso zeigt der Kopf ein eigenes System, das in seinem Aufbau den gesamten Körper widerspiegelt. Auf diese Einsicht gründet die Physiognomie des Gesichts.

Das untere Drittel des Gesichts (Kinn, Kiefer, Mund, Lippen und Nasenlöcher) entspricht dem Unterleib, das mittlere Drittel (Nasenrücken, Backen, Augen und Augenbrauen) dem Oberkörper, und die Stirn ist die Entsprechung für den ganzen Kopf. Wir finden also die Gesamtbeschaffenheit des Menschen in sein Gesicht geschrieben, und zwar, weil ja der Kopf den geistigen Bereich darstellt – in vergeistigter Form.

Im einzelnen ist diese Zuordnung nicht ganz einfach. Wie bereits erwähnt, ist die Nase zum Beispiel ein phallisches Organ, symbolisch gesprochen, ist sie der Phallus als Wind. Die Nasenlöcher hingegen entsprechen dem Yoni, die Nasenspitze dem Nabel, und der Nasenrücken wiederum bildet das Rückgrat des »Körpers im Gesicht«. Mund und Lippen stehen ebenfalls für das Yoni, die Zunge im Mund dagegen ist phallisch, sie ist der Phallus als Schlange. Die Augen entsprechen den Brüsten, die Augenbrauen den Achselhöhlen, und die Nasenwurzel leitet als Hals zur dem Kopf entsprechenden Stirn über. Das dritte Auge des Menschen fällt somit mit dem Halschakra des vergeistigten Menschen in seinem Gesicht zusammen: Durch einen Menschen mit hellseherischen Fähigkeiten spricht der Geist.

Ganz analog können wir in der christlichen Kommunion die vergeistigte Form der geschlechtlichen Vereinigung mit der androgynen Gottheit erkennen. Aber auch das schlichte Essen entspricht demselben Vorgang, weshalb manche Naturvölker – im Gegensatz zur geschlechtlichen Vereinigung, die sie in aller Öffentlichkeit vollziehen – sich bei der Nahrungsaufnahme rigoros in die Einsamkeit zurückziehen.

Das Wiederfinden des Körpers im Gesicht bedeutet Vergeistigung. Psychologisch gesehen handelt es sich um Sublimierung der Triebwelt. Da aber jedes Bemühen gleichzeitig sein Gegenteil auf den Plan ruft, finden wir auch die Kraft, die den Geist in den Stoff zwingt. Der im Stoff gefangene Geist wird dadurch zur gestaltenden Macht. Diesen Naturgeist zu beherrschen, ist das Ziel des Magiers.

Jede Magie ist schwarz, doch sie ist nicht unbedingt böse. Man weiß nur oft nicht so recht, was man davon halten soll. Das beste Beispiel hierfür ist unsere heutige Wissenschaft, denn sie ist nichts anderes als hoch entwickelte schwarze Magie. Die Brüder und Schwestern auf dem Weg zur linken Hand suchen denn auch keine Vergeistigung des Stoffes, vielmehr verschreiben sie ihr Leben der Geisteskraft, die nach unten in den Stoff will. Sie sehen keinen Körper im Gesicht, finden aber dafür das Gesicht im Ober- und Unterkörper. Viele Darstellungen des Satan zeigen einen nackten weiblichen Körper, durch deren reizende Brüste der »Fürst dieser Welt« den Betrachter anblickt. Das Geschlecht wird dann zum Mund des Teufels und die geschlechtliche Vereinigung auf dem schwarzen Altar zur Kommunion.

Mit diesen Betrachtungen befinden wir uns bereits im Reich Saturns. Der dreifache menschliche Körper findet im obersten Teil, im Kopf, seine dreifache Widerspiegelung. Diese Drittelung wiederholt sich nun noch einmal. Auch die Stirn können wir in drei übereinander liegende Regionen teilen und sehen darin sowohl den dreifachen Menschen als auch das dreifache Gesicht widergespiegelt. Insgesamt ergeben sich folgende Entsprechungen:

Kopf	Gesicht oben	Stirn oben	Geist
Oberkörper	Gesichtsmitte	Stirnmitte	Seele
Unterleib	Gesicht unten	Stirn unten	Körper

Es ist also durchaus möglich, eine Stirn-Physiognomie zu betreiben und Charakter und Schicksal eines Menschen aus seiner Stirn zu deuten zu versuchen. Diese Kunst der Menschenkenntnis wird tatsächlich auch heute noch praktiziert. Eine Stirn-Physiognomie wird bereits in der Kabbalah (Sohar) erwähnt. Einmal mehr bestätigt sich der alte Grundsatz, wonach alles in allem enthalten ist; man muß es nur zu lesen verstehen.

Stellen wir uns einen aufrecht stehenden Menschen vor und vergegenwärtigen die Lage der besprochenen Körperregionen. Es ergibt sich folgendes Bild:

Stirn oben
Stirnmitte
Stirn unten
Gesichtsmitte
Gesicht unten
Oberkörper
Unterleib

Während die dreifache Struktur sich nach oben hin wiederholt, verdichtet sie sich gleichzeitig. Es entsteht eine Konzentration, eine Stauung, deren Grenze die Schädeldecke bildet. Offensichtlich wirken hier gleichzeitig zwei entgegengesetzte Kräfte: Der nach oben gerichteten

Wachstumskraft wirkt eine nach unten gerichtete Kraft entgegen, die dem Wachstum Widerstand leistet. Wachstumskräfte sind Mondkräfte, die hemmende Gegenkraft ist aber Saturn.

Der Sitz Saturns im menschlichen Körper ist das Scheitelchakra. Hier thront er als »Hüter der Schwelle« und zwingt jedes unreife, nach oben gerichtete Streben unbarmherzig nach unten zurück. Aus der Sicht des ungehemmten Wachsens ist Saturn der große Nein-Sager, der Widersacher und der Tod. Seine Kraft ist abbauend und lebensfeindlich, er verwandelt das blühende Leben in schrumpelige Trockenfrucht.

Wo aber liegen die Vorteile des Teufels? Nun, immerhin hat er das Licht gebracht. Ohne die Kraft Saturns hätte sich das menschliche Gehirn niemals so weit entwickeln können, ohne ihn wären wir wahrscheinlich größer, doch vielleicht mit der Intelligenz der Dinosaurier ausgestattet. Nur der Rückstau an der Schädeldecke konnte die heutige Entwicklung des Gehirns und damit die Denkfähigkeit ermöglichen.

Damit kommen wir zu der wesentlichen Einsicht, daß unsere Denkkräfte Todeskräfte sind. Freilich ist diese Einsicht keineswegs neu, denn sie steht schon in der Bibel. Die Frucht vom Baum der Erkenntnis bescherte Adam und Eva sowohl die Fähigkeit des Denkens als auch die Notwendigkeit des Todes. Während die unbewußten Mondkräfte aufbauend und lebensfördernd wirken, fördern die abbauenden Denkkräfte des Saturn die Freundschaft mit dem Tod. Wäre dem nicht so, würden wir in konstanter Dummheit ewig leben. Ein Beispiel hierfür sind die Einzeller. Sie teilen sich unentwegt ohne Rest und leben somit ewiglich.

Ein Leben ohne Denken ist genauso sinnlos, wie ein Leben mit zuviel Denken ungesund ist. Ersteres ist unbewußtes Dasein, das andere strebt übermenschliches Bewußtsein an. Die weiße Rasse verspottet die Naturvölker als Primitive, weil diese zuwenig denken, dafür stellen die Neger belustigt fest, daß wir zuviel denken und das auch noch mit dem Kopf. Den richtigen Ausgleich zwischen den aufbauenden Natur- und den abbauenden Denkkräften finden wir im Herzen. Hier herrscht die goldene Sonne, ihre Kraft führt zum einfachen Leben in Liebe und schenkt uns das menschenwürdige Bewußtsein. Der Weg zur Sonne führt durch die Pforte Saturns, dort steht der große Drache und droht, jedem den Kopf abzubeißen.

Saturn-Gnosis heißt, dem Teufel zu seinen Rechten zu verhelfen. Da heutzutage ohnehin jeder auf seine Rechte pocht, ist es nur billig, diese auch dem Satan zu gewähren. Er nimmt sie sich sowieso, ob wir wollen oder nicht. Schon deshalb ist es vernünftiger, den Teufel zu verstehen, damit er nicht gegen uns arbeitet. Gerade weil wir nicht viel von seinem Wesen wissen, beherrscht er heute schon fast die ganze Welt. Zwar reden die Kirchen fleißig das wahre Wort Gottes, doch Satan ist der »Realpolitiker«, der die Geschicke der Völker und Menschen aus dem Hintergrund lenkt.

Mit Hilfe der planetarischen Symbolik kann man sich einen guten Überblick von der Entwicklung der christlichen Gottesvorstellung verschaffen. Wie fast alle frühe Gottheiten, war der jüdische Gott Jahwe ein Mondgott. Der Mond galt damals noch nicht als weiblich, Jahwe war männlich oder auch androgyn. Da Jahwe selbst mehr als genug teuflische Eigenschaften besaß, führte Satan neben ihm eine äußerst bescheidene und kaum gegensätzliche Existenz. Im Monotheismus der Juden waren die planetarischen Kräfte von Mond, Sonne und Saturn in der Person Jahwes fast vollständig vereint. Die Christen haben nun den jüdischen Gott als Vatergott übernommen. Er verlor vieles von seiner früheren Böswilligkeit, vielleicht auch nur deshalb, weil er sich von den Belangen dieser Welt immer mehr zurückzog. Dafür erhielt Satan als »Fürst dieser Welt« um so mehr Macht, wenn auch nicht so offenkundig. Astrologisch gesehen, entsteht hier die Gegensatzspannung zwischen Mond und Saturn, wobei Saturn noch mehr aus dem Hintergrund wirkt. Jesus Christus ist die Sonne. Mit seinem Erscheinen, und gerade weil seine sonnenhaften

Eigenschaften so überwältigend eindeutig strahlen, wächst jetzt die Macht Satans erneut. Dieser tritt, wenn auch ohne Erfolg, als Versucher und Widersacher offen Christus entgegen. Der Gegensatz zwischen Christus und Satan ist in der christlichen Religion nie so stark und eindeutig, wie etwa der Gegensatz zwischen dem hellen und dunklen Prinzip bei den alten Persern. Der Teufel wird systematisch verdrängt, fühlt sich seither um seine Rechte betrogen und wirkt um so stärker aus dem Schatten. Mit Vatergott, Sohn und Widersacher haben wir die astrologische Dreierbeziehung von Mond, Sonne und Saturn vor uns. Wenn wir noch für Maria als Große Mutter das Symbol der Erde setzen, haben wir die astrologischen Familienbeziehungen der christlichen Gottheit erarbeitet.

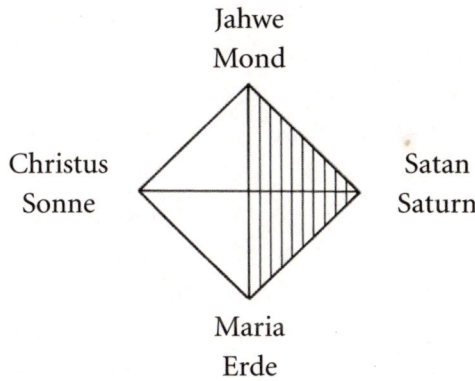

Den Heiligen Geist, der in diesem Zusammenhang keine Rolle spielt, kann man sich als Verbindungsglied zwischen Vater, Mutter und Sohn denken (linke Seite der Figur). Dem gegenüber (rechte Seite) erscheint der nach unten gerichtete Naturgeist als Verbindungsglied zwischen Mutter, Vater und dunklem Sohn. Denn diesen verzwickten Familienverhältnissen kann man nur mit der für die katholische Kirche ketzerischen Erkenntnis gerecht werden: Jesus Christus und Satan sind Brüder, wobei Satan der ältere Bruder ist.

Saturn ist eine uralte Sonne, die jetzt nur noch im fahlen und bleichen Licht erstrahlt. Er ist aber älter als unsere jetzige Sonne und hat daher ältere Rechte anzumelden. Wir sollten ihm diese Rechte nicht abstreiten, denn sonst holt er sie sich mit Gewalt. Der Teufel ist halt ein bißchen eitel. Würden wir seiner Macht Anerkennung zollen, er würde uns in Ruhe lassen, denn er ist eigentlich des Streitens müde. Satan ist nur dann böse, wenn man ihm die Macht aberkennt. Beispielhaft sind die alten Griechen mit Saturn umgegangen, als er von Zeus-Jupiter abgesetzt wurde. Er ging in Pension, bekam die Herrschaft über die Insel der Seligen und richtete dort in aller Ruhe das Goldene Zeitalter ein. Wir haben aus Saturn den Teufel gemacht und ihn mit allerlei Schandtaten beladen. Wundert es noch, wenn er sich jetzt entsprechend benimmt?

Es ist allgemeiner Brauch jeder Religion, die Götter anderer Religionen zum Teufel zu erklären. In der Offenbarung (2.9) wird die jüdische Religion als »Synagoge Satans« bezeichnet, wonach also Jahwe und Satan identisch wären. Die orthodoxen Juden hingegen, die Jesus Christus nicht als den Messias anerkennen, halten ihn für einen Zauberer. Ein Zauberer aber ist nach jüdischer (und auch nach christlicher) Auffassung immer mit dem Teufel im Bunde. (Weitere Gaben des Teufels an seine Kinder sind nach der jüdisch-christlichen Lehre die Waffenkunst, die Kosmetika und die Astrologie.) Auch Christus wäre also demnach des Teufels. Wenn wir noch berücksichtigen, daß sowohl die Christen als auch die Juden nicht viel von der Frau halten und sie nur zu gern zu den teuflischen Mächten zählen, so hätten wir bald alle Mitglieder der jüdisch-christlichen Götterfamilie zusammen beim Teufel.

Und das alles nur, weil keiner den Satan bei sich behalten will, sondern versucht, ihn, wie den Schwarzen Peter im Kartenspiel, dem Nachbarn zuzuschieben. Von dort kommt er jedoch immer wieder zurück.

Die einzige Möglichkeit, mit dem Satan-Saturn auszukommen, ist, ihn lieben und mit ihm leben zu lernen. Wir alle sind die Mörder und waren einmal Kannibalen, nicht nur die anderen. Wir müssen es ja nicht für immer bleiben! Was hat der Ritter davon, wenn er den letzten Drachen des Landes tötet oder ins Ausland vertreibt? Er wird arbeitslos und verfällt in die Depression. Ein hungriger Wolf frißt kleine Kinder, der domestizierte Hund beschützt sie. Der Verbrecher, wenn er bereut, kommt in den Himmel, der falsche Heilige fährt in die Hölle. Satan frißt uns alle auf, wenn wir ihn stets nur bekämpfen, doch wenn wir ihn verstehen, wird das selbst Gott erfreuen. Liebt eure Feinde wie euch selbst, sagt der Christengott. Saturn ist die dunkle Seite Gottes, und was er zu vergeben hat, ist für den Menschen die höchste und reifste Form der Liebe.

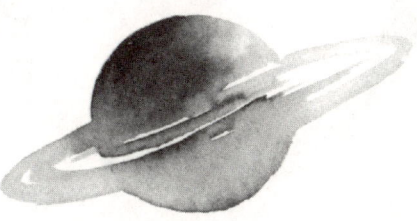

In der Sphäre des Saturn hörte Sokrates die Stimme des Daimonion: »Sonne und Saturn sind eins. Ich bin die Schwarze Sonne und ich bin der Weiße Schwan. Du bist an der Grenze, blicke zurück, und du wirst nach innen sehen. Bist du schon tot und willst du geboren werden?« Sokrates sah am schwarzen Himmel Jupiter, Mars, die Erde, Venus, Merkur und ganz weit weg eine kleine Sonne. Das Äußere fiel mit dem Inneren zusammen, er war am Ende und am Anfang zugleich. Sokrates setzte sich hin und sprach kein Wort.

(Astrologie des Schwanes)

Der Schwan

Saturn hütet die Grenze des Sonnensystems. Wie ein Schäferhund die Schafe, umkreist und überblickt er die anderen Planeten. Er ist aber auch im Zentrum, und alle Planeten kreisen um ihn. Saturn und sein Ringsystem sind mit dem die Sonne umkreisenden Planetensystem strukturell identisch. Nicht nur das, auch unsere Milchstraße besitzt diese Diskus-Struktur, alle Sterne der Galaxis umringen das galaktische Zentrum. Saturn ist Janus, der zugleich nach innen und nach außen blickt. Er sieht das kleine Sonnensystem, als einziger blickt er aber auch darüber hinaus in die Unendlichkeit. Und beides sieht er bei sich.

Saturn	Sonne	Scheitel	Geistwesen
Jupiter	Merkur	Stirn	Erzengel
Mars	Venus	Hals	Engel
Erde	Erde	Herz	Mensch
Venus	Mars	Nabel	Tier
Merkur	Jupiter	Sex	Pflanze
Sonne	Saturn	Basis	Stein

Aus der Sicht Saturns erscheinen die Planeten des Sonnensystems in umgekehrter Reihenfolge. Muß Saturn deshalb der Widersacher sein? Besser ist es, einmal einen Kopfstand zu machen und die Welt aus der umgekehrten Perspektive anzusehen. Die Gegensätze fallen zusammen, sie bekämpfen sich nicht mehr, sondern sind vereint. Die Welt ist immer noch dieselbe, nur die Sicht hat sich verändert. Aus unten wird oben, was innen war, wird nach außen gekehrt, aus schwarz wird weiß und aus der Schwarzen Sonne der Weiße Schwan. Die sieben planetarischen Kräfte bilden eine vierstufige Ordnung, die die mögliche Entwicklung des Menschen offenbart:

Involution		Bewußtsein		Evolution	
Basis ↑	Stein	Saturn ↑	Sonne	Geistwesen ↑	Scheitel
Sex	Pflanze	Jupiter	Merkur	Erzengel	Stirn
Nabel	Tier	Mars	Venus	Engel	Hals
Herz	Mensch	Erde	Erde	Mensch	Herz

Saturn spricht: Nur wer nach unten geht, kommt nach oben. Nur wer das Tier in sich erlöst, kann Engel werden, und der unsterbliche Gott ist selbst im toten Stein. Jede vorschnelle Vergeistigung, die den »üblen« Stoff nur zu gerne hinter sich lassen möchte, ist eitel Wahn. Du mußt nach unten! Allerdings darfst du dabei niemals den Blick nach oben verlieren, denn sonst bist du unweigerlich des Teufels. Nur wer die Kunst beherrscht, gleichzeitig nach oben und nach unten zu gehen, kommt an mir vorbei und vorwärts.

Die Ringe des Saturn bilden den Glorienschein der Gaia. In der Sphären-Struter der Erde entspricht die äußerste Exosphäre (1000 bis 20000 Kilometer Höhe) dem Saturn. Hier haben amerikanische Satelliten einen Schutzgürtel kosmischer Strahlung von hoher Energie gefunden, der die Erde abschirmt und gleichzeitig beschützt.

Nach einer Weile stand Sokrates auf. Er richtete seine Augen auf die ferne Sonne und ging langsam und rückwärts auf Saturn zu und an ihm vorbei. Beim Vorbeigehen neigte Sokrates leicht den Kopf, und Saturn schaute ihm mit ernstem Gesicht und verschmitzten Augen zu. Ein Roter Phönix schoß vom Himmel herunter und zerriß den Vorhang der Nacht. Sokrates atmete auf und betrat den Tierkreis zwischen Steinbock und Wassermann.

(Astrologie des Schwanes)

Will Sokrates zum Sternbild des Schwanes?

Die Ringe des Kronos öffneten sich zum Reif, weil die Zeit dafür reif war. Sokrates' Ringen um Reife zeitigte sich selbst, und Kronos entließ seinen gefangenen Sohn in den Achten Kreis. Dort wohnt Uranos, der gerne wieder zur Gaia kommen möchte. Deshalb wird zur Zeit am und im Himmel eine Revolution vorbereitet, die die Umsetzung der Planetenherrschaft im Tierkreis zum Ziel hat. Erste Anzeichen hierfür sind die neu entdeckten transsaturnischen Planeten Uranus, Neptun und Pluto. Die Vorbereitungen sind noch im Gange, und die Revolution wird erst im Laufe des eben begonnenen Wassermann-Zeitalters erfolgen. Sie wird erst möglich, wenn die noch fehlenden zwei Planeten entdeckt worden sind. Dann wird vor allem die doppelte Herrschaft Saturns abgeschafft und eine eindeutige zwölffache Ordnung des Tierkreises eingeführt. Noch ist das jedoch Zukunftsmusik. Nebenbei gesagt: Saturn weiß um diese Pläne, doch er unternimmt nichts dagegen, denn das alles ist halt Schicksal.

Fassen wir die Reise des Sokrates durch die Planetenwelt zusammen. Es handelt sich um eine Bewußtseinsreise ganz im Sinne der westlichen alchimistischen Tradition. Die Vögel des Sokrates veranschaulichen die verschiedenen Stadien, und die Wandlung des Schwarzen Raben in den Weißen Schwan entspricht der alchimistischen Silberherstellung aus Blei, oder dem kleinen Werk. Folgende Tabelle mag die Zusammenhänge noch einmal aufzeigen:

| Phönix | rubedo | rot | Uranos | wiederkommen |
| Sturmvogel | citrinitas | gelb | Mercurius | ruhen |
| . . . . |
Schwan	albedo	weiss	Saturn	vergehen
Pfau	viriditas	grün	Sonne	sein
Rabe	nigredo	schwarz	Mond	werden

Der Rabe ist der alchimistische Zustand der Schwarzen Erde. Der Mensch lebt in der sublunaren Welt, die Nebel des Mondes gaukeln eine weiße Welt vor, Gaia ist verschleiert, und die Schleier lassen die geistige Wirklichkeit als stoffliche Realität erscheinen. Im Horoskop wirken alle Planeten in dem Sinne, daß der Mensch den planetarischen Kräften ausgeliefert ist. Nicht er hat Gefühle, Empfindungen und Gedanken, sondern die Gefühle, die Empfindungen und die Gedanken haben ihn. Nicht er handelt, treibt voran und hält an, sondern er wird gehandelt, vorangetrieben und angehalten. Der Mensch ist besessen, ohne daß er es weiß, schlimmer noch, er bildet sich ein, frei zu sein. Er meint vielleicht alles »im Griff« zu haben, dabei hat ihn sein Schatten im Griff.

Dieses Stadium ist in der Kindheit und Jugend nützlich und notwendig, denn es bietet Schutz und fördert die körperliche Entwicklung. Ewige Jugendlichkeit anzustreben, ist hingegen falsch und schädlich, obzwar es heutzutage Mode ist. Der Alchimist ist ein Mensch, der sich weiterentwickeln will. Er konfrontiert sich mit seinem Schatten und erkennt, daß die scheinbar milchweiße Mondwelt eigentlich ganz schwarz ist. Darum wird in alchimistischen Abhandlungen empfohlen, mit der Schwärzung so lange fortzufahren, bis die Welt in ihrer eigenen Schwärze verfault. Der innere Schweinehund kommt hervor und heult furchterregend den Vollmond an.

Der Hund muß domestiziert und nicht erschlagen werden. Wir sind von vielen Dingen abhängig, ohne daß wir es einzugestehen bereit sind. Wie der orientalische Philosoph Gurdjieff einmal sagte: »Es gibt Leute, die sind sogar vom Wetter abhängig.«

Im Zustand des Pfaus bricht ein dicker Sonnenstrahl in die Mondwelt herein und erhellt zeitweilig und zum Teil die Realität durch die Kraft des Geistes. Die Wirklichkeit wird sichtbar. Es ist eine Erleuchtung des Innenraumes, die allerdings noch nicht von Dauer ist. Im Horoskop sollten jetzt die inneren Planeten (Mond, Venus, Merkur) nicht mehr im Sinne einer Abhängigkeit wirken. Das heißt natürlich nicht, daß der Mensch gefühllos, empfindungsarm, gedankenlos oder gar dumm wird. Doch all diese planetarischen Kräfte treiben ihn nicht mehr gegen seinen Willen. Der Mensch, der seinen Ehepartner mit seinem Vater oder seiner Mutter verwechselt, der fünfzigjährige Mann, der mit seiner zwanzigjährigen Geliebten durchbrennt, der Wissenschaftler, der alles logisch beweisen muß, und alle, die glauben, es sei wahr, was in der Zeitung steht – sie alle haben den Pfau noch nicht gefunden. Der Alchimist läßt die Regungen seiner Seele und die Gedanken kommen, er schaut sie ruhig an und gestaltet mit ihrer Hilfe seine Welt.

In der altersgemäßen Entwicklung entspricht dieses Stadium der Lebensmitte. Es kann jedoch auch früher oder auch nie erfolgen. Die zweite Geburt ist die Geburt der individuellen Seele. Sie ist die Sonnen- oder Feuerseele im Gegensatz zur kollektiven Mond- oder Wasserseele. Das Bewußtsein wird vom Bauch über das Zwerchfell in die Brust gehoben, und das Ich kann im Herzen als Liebe erlebt werden.

Der Schlüssel zum Pfau ist die Erkenntnis: »Sonne und Erde sind eins.« Die Erde selbst erscheint als Planet, die astrologische Symbolik wird erweitert, die geozentrische (chaldäische) und heliozentrische Planetenreihe fallen in der Betrachtung zusammen. In der Folge sind Mond und Sonne vereint, das ist das Bild der Zeugung. Mond und Sonne und Erde sind eins, das ist die unbegreifliche Dreieinigkeit. Der Alchimist gerät in ein reales Liebesverhältnis zu Gaia, die unsere Mutter, unsere Geliebte und zugleich unser Ich ist. Die Aufmerksamkeit wird auf das schöne Lebewesen Erde gelenkt, und wir können sie nicht mehr schädigen – dies ist der beste Umweltschutz. Wir lieben die Erde wie uns selbst.

Wie gesagt, ist der Zustand des Pfaus eine Erleuchtung und nicht unbedingt ein Dauerzustand. Um ihn zu erhalten, muß noch viel getan werden, sonst fällt der Mensch in die »nigredo« zurück. Weitere Gefahr ist die psychische Ich-Inflation. Das herrliche Gefühl der Sonnen-Kraft im Herzen kann leicht mit persönlichen Machtgelüsten verwechselt werden. In diesem Fall wird man zum unausstehlichen Egoisten, und der Fortschritt wird zum Rückschritt. Gerade dieses

Phänomen stellt eine weit verbreitete Krankheit in unserer Zivilisation dar. Daraus können wir den Schluß ziehen, daß wir auf kollektiver Ebene den erleuchteten Zustand des Pfaus zwar kurz gestreift haben, es ist uns jedoch noch nicht gelungen, ihn zu stabilisieren. ICH ist das Monogramm von Iesus CHristus. Er zeigte durch sein Leben, was wahre Ich-Kraft im Herzen bedeutet. Wir hingegen (zusammen mit seiner Kirche) verfielen der Inflation und dem Egoismus.

Das Problem ist, daß die Erleuchtung sozusagen eine theoretische Angelegenheit ist. Selbst wenn die inneren Planeten im Horoskop frei verfügbar sind, bedeuten Mars, Jupiter und Saturn nach wie vor Zwang und Abhängigkeit. Wir wissen zwar, was zu tun ist, doch wir können es nicht tun. Noch kann der Mensch nicht wirklich frei handeln, er wird immer noch durch die anderen oder die Umstände als Ware, Gegenstand oder Nummer ge- und behandelt. Das freie Tun wird erst möglich, wenn die Kraft des Mars verinnerlicht worden ist. Dasselbe gilt für Jupiter und Saturn. Die äußeren Planeten der freien Lebensgestaltung zuzuführen, ist die Aufgabe der zweiten Lebenshälfte. Wer sie meistert, erblickt den Schwan.

Die dritte mögliche Geburt im Leben eines Menschen ist die Geburt des überpersönlichen (transpersonalen) Geistes. Kein Mensch hat Geist, dieser weht nur wie der Wind durch uns hindurch, und wir erleben ihn dabei als Denken. Zu glauben, dies sei mein Geist, ist Ich-Inflation eines eitlen Pfaus. Während der Weg vom Mond zur Sonne Ich-Findung bedeutet, verlangt Saturn die Ich-Überwindung. Das siebte Chakra befindet sich nicht im Körper, sondern darüber. Erst wenn im letzten Lebensdrittel der Leib langsam aber sicher vergeht, kann sich der Geist in voller Blüte entfalten, und ich muß begreifen, daß er genauso wenig wie mein Leben mir gehört. Der Tod spricht: Dir gehört gar nichts. Mit leeren Händen bist du gekommen, und du wirst genauso gehen. Gib alles hin, wenn du nicht willst, daß ich es dir nehme. Der Tod ist ein Freund, und er ist der Zwillingsbruder der

Geburt. Im Erdenleben ist der Tod die endgültige und letztmögliche vierte Geburt: Der Schwan liebt den Tod und fürchtet sich nicht vor ihm. Deshalb stimmt er seinen Gesang an, wenn Saturn die Stunde schlägt. Die Kunst des Alchimisten besteht nun darin, schon in diesem Leben zu sterben … und wiederzukommen. Wenn man alles, aber wirklich alles verliert oder weggibt, ist man tot. Lebt man trotzdem weiter, so ist das ein neues Leben, eine Wiedergeburt. Manche Menschen werden durch Schicksalsschläge zu solch radikaler Umstellung gezwungen, und viele von ihnen überleben es nicht. Der Künstler und Alchimist des Schwanes versucht, all seine Wünsche, Hoffnungen und Vorstellungen sterben zu lassen, und wenn er Glück hat, erwacht er eines Tages zu einem neuen Leben in freier Einstellung des Geistes. Dann hat er zwar nichts mehr »im Griff«, doch da ist weit und breit weder Griff noch Greif zu sehen, der Wind lacht, und wenn es sein soll, tragen alle Kaminkehrer weiß. Das ist die kleine Freiheit. NEC SPE NEC METU.

»Sonne und Saturn sind eins.« Der Schwan ist der gereinigte Rabe, der Weg von »nigredo« zu »albedo« ist die Reinigung. Doch lange kann man einen Raben waschen, er wird nie und nimmer weiß. So ist auch jede erzwungene Reinigung (zum Beispiel die Askese) umsonst. Der Alchimist schwärzt weiter, bis alle Tiere, Teufel und verwandte Wesen aus dem Schattenreich ans Tageslicht getreten sind und das Licht der Sonne lückenlos verdecken. Die Welt ist schwarz in schwarz. In diesem Moment wandelt sich der Schwarze Rabe von selbst in den Weißen Schwan, denn sie waren von Anfang an eins. Nur wir haben es bis jetzt nicht gewußt. All unsere unerwünschten Eigenschaften fallen dann wie von selbst ab, wenn sie ihre Grenze erreicht haben, und die Zeit reif ist – nicht früher. Alle einseitigen Willensanstrengungen nützen nicht viel, wenn sie zur falschen Zeit erfolgen, wichtiger ist es, Möglichkeit und Sinn der gegebenen Zeit zu erfassen versuchen. Jetzt wird Kronos zu Kairos, denn auch sie waren von Anfang an eins.

Der Phönix

116

Der Pfau spricht: Erde und Sonne sind eins.

Der Schwan spricht: Sonne und Saturn sind eins.

Der Rabe spricht: Ich bin ein Schwan.

Sokrates spricht: Beim Sirius! Alles ist eins und du bist keins.

Kommst du wieder, bist wieder eins.

Als Sokrates durch Saturns schwarzes Tor ging, wurde er von dem von draußen hereinströmenden weißen Licht verschluckt und war nicht mehr zu sehen. Das Licht erhellte die schwarze Leere und füllte sie mit Stille.

Wie ein Peitschenhieb zerschlug der Schrei des Sturmvogels die Ruhe: Sokrates ist tot ... Sokrates ist geboren ...

Und Sokrates sprach die letzten Worte: O Kriton, wir sind dem Asklepios einen Hahn schuldig, entrichtet ihm den, und versäumt es ja nicht. Ich komme wieder.

(Astrologie des Schwanes)

Anmerkung des Verfassers: Hier endet der erste Teil von »Astrologie des Schwanes, aufgeschrieben von Johannes«.

Ein zweiter Teil wurde nie gefunden.

Zeittafel

2000 v. Chr. Die Astrologie des Sokrates geht zweifellos auf die ca. 4000 Jahre alte chaldäische Tradition zurück.

400 v. Chr. Sokrates lebte ca. 470 - 399. »Astrologie des Schwanes« muß also vor 400 geschrieben worden sein.

1200 n. Chr. 1186 findet Johannes in Alexandrien das Buch und arbeitet es in seinem Sinne um. Die Hinweise auf »Parzival« des Wolfram von Eschenbach zeigen, daß seine Version nach 1200 entstand.

2000 n. Chr. 1976 wird »Astrologie des Schwanes, aufgeschrieben von Johannes« in Toledo gefunden und verschwindet 1983 in Wien.

Weitere Hinweise auf die Identität des Johannes könnten die Toledaner-Briefe geben, die seit 1179 von Toledo ausgingen. Ein Mitautor dieser astrologischen Briefe war Johannes von Toledo.

Die gerundeten Jahreszahlen zeigen einen rhythmischen Verlauf von 1600 - 1600 - 800 Jahren. Da die Zahl 800 astrologisch sehr bedeutsam ist, könnte man auf zwei fehlende Glieder in der Kette schließen, nämlich in den Jahren 1200 v. Chr. und 400 n. Chr.

Räumlich verlief die Kette von Athen über Alexandrien und Toledo nach Wien und beschrieb damit einen Kreis in süd-west-nord-östliche Richtung.

Anhang

Sokrates im Gefängnis von Athen
(Gemälde von Jevy-Dhurmer, Ende 19. Jh.)

	1	2	3	4	5	6	7	
☽	☽☽	☽☿	☽♀	☽☉	☽♂	☽♃	☽♄	
☿	8 ☿☽	9 ☿☿	10 ☿♀	11 ☿☉	12 ☿♂	13 ☿♃	14 ☿♄	☽
♀	15 ♀☽	16 ♀☿	17 ♀♀	18 ♀☉	19 ♀♂	20 ♀♃	21 ♀♄	
♀/☉	22	23	24	25	26	27	28	
☉	29 ☉☽	30 ☉☿	31 ☉♀	32 ☉☉	33 ☉♂	34 ☉♃	35 ☉♄	
♂	36 ♂☽	37 ♂☿	38 ♂♀	39 ♂☉	40 ♂♂	41 ♂♃	42 ♂♄	☉
♃	43 ♃☽	44 ♃☿	45 ♃♀	46 ♃☉	47 ♃♂	48 ♃♃	49 ♃♄	
♃/♄	50	51	52	53	54	55	56	
♄	57 ♄☽	58 ♄☿	59 ♄♀	60 ♄☉	61 ♄♂	62 ♄♃	63 ♄♄	
⊙̇	64 ⊙̇☽	65 ⊙̇☿	66 ⊙̇♀	67 ⊙̇☉	68 ⊙̇♂	69 ⊙̇♃	70 ⊙̇♄	♄
♆	71 ♆☽	72 ♆☿	73 ♆♀	74 ♆☉	75 ♆♂	76 ♆♃	77 ♆♄	
♆/♇	78	79	80	81	82	83	84	

Tabelle des Lebens

Erklärung zu der Tabelle des Lebens

In einem idealen, altersgemäßen Lebensverlauf beherrschen Mond, Sonne und Saturn die drei Lebensdrittel des Menschen. Jedes Lebensdrittel von 28 Jahren läßt sich weiterhin in vier siebenjährige Perioden einteilen, welche jeweils von einem der sieben Planeten geprägt werden. Schließlich herrschen die Planeten in der chaldäischen Reihenfolge Jahr für Jahr abwechselnd innerhalb einer jeden siebenjährigen Periode.

Somit läßt sich für jedes Lebensjahr eine dreifache Planeten-Herrschaft feststellen. Das 32. Lebensjahr etwa wird dreifach von der Sonne bestimmt, es ist ein reines Sonnen-Jahr. Damit wird dieses Lebensjahr zur idealen und rechten Zeit, um das Ich-Bewußtsein zu begreifen und endgültig erwachsen zu werden.

Die geheime Stunde der Lebensmitte ist nicht bekannt. Die statistische Lebensmitte erreicht der Mensch um 35, doch diese Tatsache kann man in diesem Alter noch leicht verdrängen. Dies gelingt mit 42 nicht mehr so leicht, hier ist die Mitte selbst eines überdurchschnittlich langen Lebens von 84 Jahren erreicht, und die Krise der Lebensmitte steht unweigerlich und unwiderruflich an.

Die Lebensjahre zwischen 22 und 28 sowie zwischen 50 und 56, welche in der Tabelle keine Planeten zugeordnet bekamen, stellen Übergangszeiten dar. Hier herrscht sowohl der vorangegangene wie auch der nachfolgende Planet. Das 26. Lebensjahr zum Beispiel wird zugleich von Venus und Sonne beherrscht (nebst Mars): Der eine laboriert noch an seiner Beziehung zum anderen Geschlecht (Venus), während der andere schon ziemlich genau zu wissen scheint, was er eigentlich will (Sonne).

Von 57 bis 63 herrscht Saturn. Die Lebensjahre ab 64 stehen ebenfalls unter der Herrschaft Saturns. Es sei denn, dem Menschen ist es gelungen, Zugang zum achten Himmel zu finden. In diesem Fall – was selten ist - treten die transsaturnischen, mystischen Planeten Uranus und Neptun in Aktion. Sie bringen Weisheit, gute Intuition und sogar ein wenig Hellsichtigkeit. Im achten Himmel aber gelten die siebenjährigen Perioden nicht mehr so genau, das Gesetz der Sieben ist dort schon größtenteils überwunden.

MERKABA - Fahrzeug für die Reise durch das All

Jeder Mensch ist ein Stern. Von diesem Stern kommt ursprünglich die Seele her und strebt der Erde zu. Der Tierkreis, der sonst die Erde abschirmt, ist im Moment der Zeugung beim Skorpion (Sex) offen. Die Seele schlüpft durch, durchquert die sieben Sphären von Saturn bis Mond und verankert sich in der Erde. Der Vater hat gezeugt, die Mutter ist schwanger. Gleichzeitig wandelt sich das Mysterium der Urgeschichte in den Mythos der Vorgeschichte. Bei der Geburt verläßt das Kind den Mutterleib. Zugleich kommt die Seele aus der Erde, wird zu Wind und Luft und beseelt mit dem ersten Atemzug den neuen Erdenbürger. Die Geschichte beginnt, die Biographie nimmt ihren Lauf.

Beim Tod verspürt die Seele eine große Sehnsucht nach ihrem Stern, und sie macht sich sogleich auf den Weg dorthin. Die Gelegenheit ist günstig, denn das Tor des Skorpions (Tod) steht wieder offen. Um das Tor zu erreichen, muß die Seele jedoch die sieben Sphären von Mond bis Saturn passieren. Und hier beginnen ihre Schwierigkeiten. Sie kann durch die Sphären nur so weit kommen, wie der Mensch auch schon zu Lebzeiten kam. Die Seele bleibt bei dem Planeten hängen, dessen Kraft der Mensch im Leben nicht verinnerlichen konnte. Dort heißt es warten, bis eine günstige Gelegenheit für eine neue Erdenrunde kommt. Der Schlüssel zu diesem wohl größten Geheimnis zwischen den Welten heißt: elektromagnetisches Feld der Erinnerung.

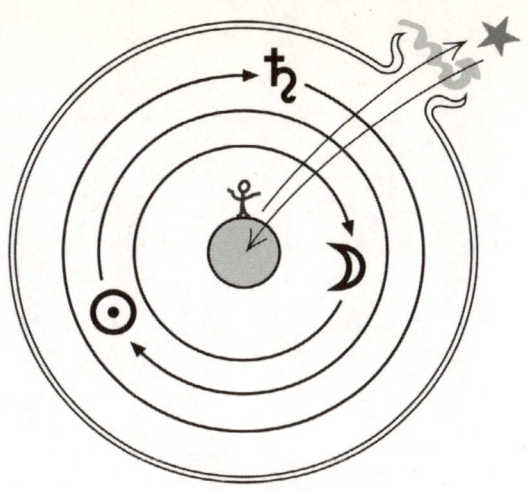

Die Reise der Seele durch die Sphären

Für die Reise durch das All benötigt die Seele ein Fahrzeug. Denkt man materialistisch, erscheint dieses Fahrzeug als UFO. In der Kabbala ist es als MERKABA bekannt, mit ihr fuhren die Propheten Hesekiel und Henoch durch die Sphären. Der Mystiker erzeugt die MERKABA in sich selbst. Je nach Bewußtseinsstufe kristallisiert sich die Seele in einer bestimmten Form (kollektiv =Tetraeder, individuell = Hexaeder, transpersonal = Oktaeder). In der Folge entsteht um das Herz ein elektromagnetisches Feld (Aura), welches die Erinnerung ermöglicht. Die Kombination dieser Kristalle ergibt die MERKABA. Ist sie voll ausgebildet, bleibt die Erinnerung auch für die Zeit zwischen zwei Leben (Bardo) erhalten. Dies ist die einzige Möglichkeit, bewußt wiedergeboren zu werden, wie es zum Beispiel die Meister aus Tibet praktizieren.

Oktaeder	transpersonal	Saturn	Galaxis
Würfel	individuell	Sonne	Sonnensystem
Tetraeder	kollektiv	Mond	Erde

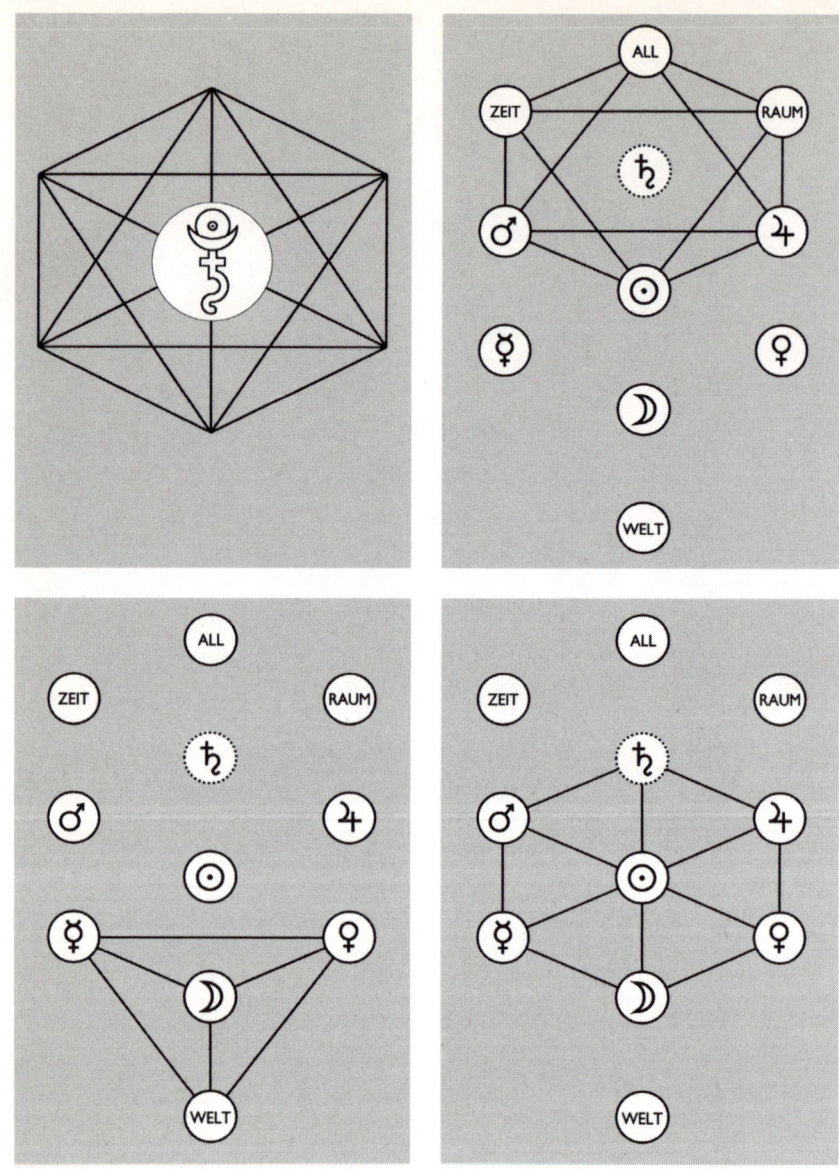

Die MERKABA und ihre Bestandteile

Aus dem Verlagsprogramm

Schicksalsdeutung aus dem Namen

Der Name, den wir tragen, ist kein zufälliges Anhängsel, sondern Ausdruck unserer Persönlichkeit. Auf dieser Grundlage führen Zoltán und Ingrid Szabó uns zu einer Namensdeutung, die nicht auf der üblichen Umwandlung von Buchstaben in Zahlen beruht, sondern die Initialen in Runen umwandelt. Alsdann wird aus dem Sinngehalt der Runen die Kombination der Initialen gedeutet – mit erstaunlicher Treffsicherheit und Aussagekraft.

Zoltán Szabó und Ingrid Szabó
Geheimnis der Namen
Runenkombinationen für Namensdeutung und Orakel
Paperback, 224 S., 14 x 21 cm
ISBN 3-89060-033-6

Runenwissen kompetent nach dem 18er-Futhark

Zoltán Szabó ist einer der wenigen heutigen Runenforscher, die das Wissen um Ursprung und Sinn der Runen wirklich vorangebracht haben. BUCH DER RUNEN ist ein maßgebliches Buch, das die Runen in einen Sinnzusammenhang stellt und so verborgene Bedeutungen ans Licht bringt. Ein Muß für alle an dem Thema Interessierten.

Zoltán Szabó
Buch der Runen
Götter, Lebensbaum und Runenkosmos
Gebunden, 256 Seiten, 13 x 21 cm
ISBN 3-89060-035-2

Das Runenset mit Runen aus echtem Holz

Endlich gibt es sie, auf die viele seit Jahren warten: Runenorakel-»Steine« aus echtem Holz mit Gravur. Dazu ein kleines Buch, das ohne viel Ballast einen schnellen Einstieg in die Kunst des Runenwerfens vermittelt.

Was bisher fehlte, waren »Steine«, die handlich sind und aus natürlichem Material, angenehm anzufassen und mit fertiger Gravur. Hier sind sie endlich! 25 etwa daumenkuppengroße, mandelförmige Holzscheiben, die sich zum Werfen und Ziehen eignen.

Dazu gibt im Buch eine Anleitung für das Werfen oder Ziehen des Orakels und die Deutungen der einzelnen Runen, die eine Auslegung des Orakels ermöglichen. – Buch und Runen werden zusammen mit einem Beutel im Schuber geliefert.

Heike Schmidt
Das Runen-Orakelset
Buch: Pb., 120 Seiten, 14 x 21 cm
+ 25 Runen aus Holz und Baumwollbeutel
im Papp-Schuber
ISBN 3-89060-419-6

Über jede gute Buchhandlung oder unter
www.neueerde.de

Auf Wunsch senden wir Ihnen gerne unser aktuelles Verlagsverzeichnis kostenlos zu. Schreiben Sie an:

Neue Erde
Cecilienstr. 29
D-66111 Saarbrücken

Fax 0681 - 390 41 02
info@neueerde.de
www.neueerde.de

Außerdem halten wir eine ausführliche 4-Farb-Broschüre mit 48 Seiten für Sie bereit: »Geomantie & Tiefenökologie«. Wenn wir Ihnen das zuschicken dürfen, senden Sie uns hierfür bitte die Schutzgebühr von DM 3,00 inkl. Porto an die obige Adresse.